THE FAMILY BUSINESS BOOK
A Roadmap for Entrepreneurial Families to Prosper across Generations

从家族企业到商业世家

创业家族世代繁荣的路线图

[意]
阿尔弗雷多·德马西斯
(Alfredo De Massis)

埃马努埃拉·龙迪
(Emanuela Rondi)
著

陈雪频
译

机械工业出版社
CHINA MACHINE PRESS

家族企业占全球企业总数的2/3，创造了70%～90%的全球GDP，所雇用的员工数占全球劳动力总数的比例超过50%。然而，家族企业的代际经营总是充满挑战，只有其中一小部分家族能够实现跨世代的繁荣与传承。

《从家族企业到商业世家》既有理论高度可作为研究指导，又有实战深度可作为行动指南。书中创造性地提出了创业家族星系的概念，围绕家族的发展与传承，提供了丰富的实操方法和技术工具，旨在帮助家族企业经营管理者和相关专业人士，厘清复杂的家族经营动态，发现并理解家族的优势与劣势，建立有效的家族经营战略，使家族在未来几代人之间蓬勃发展。

The Family Business Book: A Roadmap for Entrepreneurial Families to Prosper across Generations.

ISBN 978-1-292-72560-4

Copyright © 2024 by Pearson Education Limited.

This translation is published by arrangement with Pearson Education Limited.

This edition is authorized for sale and distribution in the Chinese mainland (excluding Hong Kong SAR, Macao SAR and Taiwan).

No part of this book may be reproduced or transmitted in any form or by any means, electronic or mechanical, including photocopying, recording or any information storage and retrieval system, without permission, in writing, from the publisher.

All rights reserved.

本书中文简体字版由Pearson Education Limited授权机械工业出版社在中国大陆地区（不包括香港、澳门特别行政区及台湾地区）独家出版发行。未经出版者书面许可，不得以任何方式抄袭、复制或节录本书中的任何部分。

北京市版权局著作权合同登记　图字：01-2025-0437号。

图书在版编目（CIP）数据

从家族企业到商业世家：创业家族世代繁荣的路线图/（意）阿尔弗雷多·德马西斯，（意）埃马努埃拉·龙迪著；陈雪频译 . -- 北京：机械工业出版社，2025.7. -- ISBN 978-7-111-78638-2

Ⅰ. F276.5

中国国家版本馆CIP数据核字第2025LG2622号

机械工业出版社（北京市百万庄大街22号　邮政编码100037）
策划编辑：秦　诗　　　　　　　　　责任编辑：秦　诗　戴樟奇
责任校对：甘慧彤　马荣华　景　飞　责任印制：常天培
北京联兴盛业印刷股份有限公司印刷
2025年8月第1版第1次印刷
170mm×230mm · 17.75印张 · 1插页 · 194千字
标准书号：ISBN 978-7-111-78638-2
定价：79.00元

电话服务　　　　　　　　　网络服务
客服电话：010-88361066　　机 工 官 网：www.cmpbook.com
　　　　　010-88379833　　机 工 官 博：weibo.com/cmp1952
　　　　　010-68326294　　金 书 网：www.golden-book.com
封底无防伪标均为盗版　　　机工教育服务网：www.cmpedu.com

❖

  谨以此书献给我们世代珍视的家人，包括敬爱的长辈、充满活力的当代以及拥有美好未来的下一代，献给阿尔贝托、克里斯托弗和维奥拉。你们为我们的生活带来了无尽的喜悦与意义。

  愿本书成为我们共同信念的见证：致力于塑造一个家族梦想能够蓬勃发展、家族凝聚力和相互理解能够引领前行方向的世界。

目 录

赞誉
推荐序一
推荐序二
推荐序三
推荐序四
推荐序五
推荐序六
译者序
关于作者
导读

第1章 创业家族星系 /1

理解创业家族的复杂性：星系隐喻 /3

引领你的星系走向未来 /6

本书的结构和阅读方法 / 9

本章要点 / 14

值得反思的关键问题 / 15

延伸阅读 / 16

第2章 培育家族同时繁衍新家族 / 17

是什么将创业家族星系中的家族成员凝聚在一起 / 20

家族世代 / 23

创业家族中的冲突 / 34

家族治理 / 40

本章要点 / 54

值得反思的关键问题 / 55

延伸阅读 / 56

注释 / 57

第3章 管理家族企业并理解其独特行为 / 59

家族参与如何影响企业行为和成果 / 62

家族企业的专业化 / 86

家族企业的创新管理 / 89

家族企业的重组 / 98

本章要点 / 101

值得反思的关键问题 / 104

延伸阅读 / 105

注释 / 107

第4章　成为并发展负责任的家族所有者 / 111

什么是所有权 / 113

所有权结构：所有权集中程度、所有权形式和所有者类型 / 115

在家族企业中扮演所有者的角色 / 118

所有权治理 / 125

创业家族星系中更广泛的所有权治理 / 131

本章要点 / 134

值得反思的关键问题 / 135

延伸阅读 / 136

注释 / 137

第5章　管理家族财富与运营家族办公室 / 139

创业家族中的财富 / 141

家族财富管理 / 145

家族办公室 / 148

家族投资公司 / 155

家族孵化器 / 157

家族银行 / 160

家族房地产公司 / 161

　　　　本章要点 / 162

　　　　值得反思的关键问题 / 163

　　　　延伸阅读 / 164

　　　　注释 / 165

第6章　推动家族参与慈善及社会影响项目 / 167

　　　　创业家族为何需要关注影响力 / 169

　　　　以价值观创造价值：价值观的重要性 / 171

　　　　践行慈善并产生影响 / 172

　　　　追求影响力的组织 / 180

　　　　家族（企业）基金会 / 181

　　　　家族（企业）博物馆和历史档案馆 / 182

　　　　本章要点 / 183

　　　　值得反思的关键问题 / 184

　　　　延伸阅读 / 185

　　　　注释 / 187

第7章　培养下一代并管理传承 / 189

　　　　传承困难之因：代际过渡的问题 / 191

　　　　管理传承的最佳实践 / 199

　　　　让下一代参与 / 203

　　　　创业家族成为商业世家需要缓解的10种紧张关系 / 213

家族创造者：推动家族星系的演变 / 218

本章要点 / 224

值得反思的关键问题 / 226

延伸阅读 / 226

注释 / 228

结论　整合助力世代繁荣 / 230

致谢 / 232

赞誉

这本书精妙地融合了精神层面与创业理念，为家族财富管理以及企业的成功提供了一套全面且具系统性的方法，并且将社会情感财富的相关问题提升至家族星系层面加以深入探讨。对于所有关注家族企业的人士，尤其是那些矢志于在这些组织中守护并增加社会情感财富的群体而言，它堪称一本不可或缺的读物。

——路易斯·戈麦斯 – 梅西亚（Luis Gomez-Mejia），
美国亚利桑那州立大学荣誉教授、韦瑟厄普 – 奥弗比领导力讲席教授

这部由家族企业领域两位顶尖专家精心打造的著作，是家族企业所有者的必备指南。书中深入剖析了家族动态所蕴含的复杂性，并提供了切实可行的解决方案。

——托马斯·M. 泽尔韦格（Thomas M. Zellweger）教授，
瑞士圣加仑大学中小企业研究所和家族企业中心主任

此书呈现了严谨且易于应用的家族企业动态知识，聚焦于代际价值创造的全新视角。这种方法与意大利家族企业协会（AIDAF）数年前开启的关于传承以及"成为优秀祖先"意义的探索之路高度契合。它还为在复杂的"家族星系"中维持和谐、推动创业成功、铸就代际繁荣与共享价值提供了极具实用性的建议。

——克里斯蒂娜·邦巴塞伊（Cristina Bombassei），
意大利家族企业协会主席，布雷博集团所有者、
董事会成员兼首席可持续发展官

这本书极为出色，它成功地将经营家族企业的实践与促使创业家族成为"创业家族星系"的"意愿"和"能力"要素相结合，展现了"创业家族星系"如何被其周边的不同利益相关者所环绕。这部创新之作从全新视角对家族企业进行审视，令人不禁联想到爱因斯坦的广义相对论。凭借这一类比以及书中深刻的见解，我们可将家族视作一个中心质量体，它能使周围时空发生弯曲，进而产生引力，吸引潜在利益相关者向家族及其企业聚拢。家族所具备的这一中心质量，还可令周围时间流速减缓，这对家族企业的世代延续与走向成功大有裨益。对于有志于从全新视角探寻创业家族长久创造财务与非财务财富秘密的读者而言，这本书无疑是一本不可多得的优质读物，极具参考价值。

——弗朗西斯科·基里科（Francesco Chirico），
澳大利亚麦考瑞大学商学院和瑞典延雪平大学国际商学院战略与家族企业教授，创新、战略与创业（ISE）研究中心联合主任，澳大拉西亚（澳大利亚、新西兰和邻近的太平洋岛屿）家族企业研究网络（AFERN）联合创始人

在竞争激烈的全球经济格局中，创业家族唯有秉持创新性与创业精神，方能实现世代繁荣。这本书全面涵盖了创业家族"是什么""如何做"以及"为什么"。尽管知晓"是什么"与"如何做"至关重要，但理解"为什么"能够使创业家族依据自身特定情形，灵活调适并适应众多体系与实践。唯有严谨的研究方能赋予我们可靠的认知。基于自身及他人的研究成果，龙迪教授与德马西斯教授撰写了这本佳作，助力我们获取这种认知。据此，我强烈推荐创业家族、家族企业专业人士以及对该研究方向感兴趣的家族企业学者阅读此书。

——蔡济铭（Jess Chua），加拿大卡尔加里大学金融学和家族企业治理学院教授、英国兰卡斯特大学家族企业杰出教授

家族创业艺术，尤其是世代传承的创业艺术，长期以来一直是从业者与学者们难以破解的谜题。这本书由两位专注于协助家族企业的杰出学者与从业者撰写，通过详尽阐释促成家族创业成功的要素，成功揭开了这一谜团，其内容涵盖从家族精神到财富管理等广泛主题，为代际家族创业提供了全面的方法，是家族企业弥足珍贵的资源宝库。

——图尔西·贾亚库马尔（Tulsi Jayakumar），印度S.P.贾殷管理与研究学院家族企业与创业中心执行主任、金融学和经济学教授

这本书是富有进取心的家族构建并维护整体家族星系、为子孙后代留存家族遗产的珍贵工具。

——彼得·沃格尔（Peter Vogel）教授，瑞士洛桑国际管理发展学院（IMD）全球家族企业中心主任、《家族办公室导航》一书作者

对于家族企业家与家族企业相关专业的学生而言，这是一本不可或缺的读物。这本书深入探讨了财富管理、下一代领导力以及家族博物馆、家族基金会、家族学院和信托公司的重要性。若想留存家族遗产并提升商业技能，这本全面指南提供了宝贵的知识与成功策略。

——马西莫·鲍（Massimo Baù），瑞典延雪平大学国际商学院高级副教授、家族创业与所有权中心主任

德马西斯与龙迪勇于挑战陈旧观念，引领读者开启家族星系的探索之旅。他们将创业家族置于星系模型的核心位置，进而阐释诸如家族基金会、家族企业、家族办公室等诸多"行星"是如何围绕各个"星系"运转的。二人有效地探讨了常见"行星"所具备的独有特征，还深入研究如何助力下一代做好在这些"行星"上立足的准备。凭借这些内容，德马西斯和龙迪创作了一部极具洞察力且格外引人入胜的佳作。

——彼得·亚斯凯维茨（Peter Jaskiewicz）教授，家族企业传承研究所（FELI）创始人兼主任、加拿大渥太华大学"持久创业学"校级研究讲席教授

两位全球专家深入探究了家族创业领域，提供了管理家族财富、家族企业以及维系家族凝聚力的创新策略。对于家族企业所有者、管理者、学生或其他专业人士而言，这是一本必读之书。

——阿德南·马卢伊（Adnan Maaloui），沙特阿拉伯穆罕默德·本·萨勒曼商业与创业学院创业学教授

这本书巧妙地将家族精神智慧与财富管理的实用策略相结合，作者为代际家族的成功铸就了一本全面手册。

——克里斯蒂娜·克鲁兹（Cristina Cruz），
西班牙 IE 商学院创业学教授、IE 家族企业中心主任

这是在复杂的家族办公室、家族企业、家族基金会、家族博物馆和家族学院等家族概念世界中导航的必备读物，这本书提供了关于如何世代维系家族团结与财务繁荣的专家建议。

——金伯利·A. 埃德尔斯顿（Kimberly A. Eddleston），
美国东北大学达默尔-麦克基姆商学院舒尔茨杰出创业学教授、
美国康奈尔大学学术学者

我欣然推荐这本由两位在其领域极具权威性的学者撰写的杰出图书。我有幸与他们合作长达十余年，这本书彰显了他们致力于培育成功全球创业家族的坚定决心。这本书引人入胜且见解深刻，对于任何对创业家族及其网络动态感兴趣的人来说，是必读之选。我强烈推荐！

——约瑟普·科特拉尔（Josip Kotlar），意大利米兰理工大学管理学院家族企业与战略学教授、国际家族企业研究学会会长

这是对创业家族演变历程的一次引人入胜的审视，其中充满了基于研究的实用见解，涵盖了如何吸引下一代积极参与家族事务、设计有效的治理机制、构建稳固的所有权结构、制订家族社会影响力计划、管理家族财富、处理冲突以及增强家族代际凝聚力等诸多方面。

——马琳·迪勒曼（Marleen Dieleman），瑞士洛桑国际管理发展学院（新加坡校区）Peter Lorange 家族企业讲席教授

通过揭示创业家族及其所创造的星系，这本精彩的著作提供了关于如何实现世代繁荣的实用见解。家族创造者的概念尤为引人入胜，因为正是这些人精心设计了家族星系。对于渴望实现代际繁荣的群体而言，这是一本必读之书。

——普拉莫迪塔（迪塔）·夏尔马（Pramodita（Dita）Sharma），
美国佛蒙特大学格罗斯曼商学院杰出教授、
施莱辛格-格罗斯曼家族企业讲席教授

借助这本指南，探寻富有弹性的家族帝国的秘密，它将财富管理、精神性与创业智慧融为一体。

——库尔特·马茨勒（Kurt Matzler），奥地利因斯布鲁克大学战略管理教授、《开放战略》合著者、《高效能思维模式》作者

这是对家族创业的开创性探索，对于涉足家族企业与财富管理复杂事务的任何人而言，是必读之书。

——埃里克·克林顿（Eric Clinton）教授，
爱尔兰都柏林城市大学国家家族企业中心主任

这是一本关于家族企业、家族办公室及其他相关方面的综合指南，对于期望以智慧和远见管理财富与业务的家族来说，必不可少。

——娜丁·卡默兰德尔（Nadine Kammerlander），德国奥托贝森商学院家族企业讲席教授、家族企业与中小企业研究所所长

这是一次穿越家族创业世界的启发性旅程，这本书提供了关于财富管理、家族与企业治理以及如何促进家族繁荣与幸福的全新视

角与实用智慧。

——贡萨洛·戈麦斯-贝当古（Gonzalo Gomez-Betancourt）教授，
哥伦比亚传承与管理咨询集团和传承所有权学院首席执行官

这是一本关于家族创业星系的富有洞察力的指南，提供了关于韧性、传承、构建家族传承机制以及推动家族企业发展的独特动力的宝贵经验。

——米鲁娜·拉杜-勒菲费（Miruna Radu-Lefebvre），
法国南特高等商学院管理学院创业学教授、家族创业与社会讲席教授

这本书为研究创业家族世代传承的旅程提供了新颖独特的视角，着重强调了精神性以及财务与社会情感财富对长期成功的重要性，并深入审视了除家族企业之外的众多组织，如家族办公室、家族学院、家族基金会和信托公司所发挥的核心作用。

——彭倩，中国香港科技大学商学院副教授、金乐琦亚洲家族企业与家族办公室研究中心主任、香港家族办公室协会教育总监

德马西斯和龙迪提供了令人耳目一新的视角倡导家族成员为家族企业开辟独特的发展路径与愿景。这种赋能式的方法论，结合全面的见解与实用工具，不仅昭示了世代持续成功的前行之路，还能让家族借助商业活动转化为繁荣世家[一]。

——拉米亚·M. 埃尔·阿加米（Ramia M. El Agamy），瑞士 *Tharawat* 杂志主编、家族企业女性联盟联合创始人

[一] 书中出现的世家对应的英文原文为 dynasty，也可以翻译为商业帝国。和家族相比，世家更强调家族在社会上的地位、财富、权力或文化影响力等，并且这种地位和影响力通常是经过多代人积累和传承下来的。——译者注

从家族办公室管理到培养下一代领导者，这本书是所有涉及家族企业动态的人的必读之书。

——塞莉纳·史密斯（Celina Smith），法国里昂商学院创业学教授、英国帝国理工学院商学院访问学者

这是理解家族财富与企业管理复杂性的重要资源，将精神性与学术严谨性及实用建议相融合。

——埃尔玛丽·文特尔（Elmarie Venter）教授，南非纳尔逊·曼德拉大学家族企业研究室主任

这是推荐给家族及其顾问的一本书，有助于他们理解家族企业与家族财富管理的相互依存关系，并提供了世代保存财富与促进财富增长的实用工具。

——阿联酋迪拜国际金融中心（DIFC）家族财富中心

这本书是家族创业领域的权威指南，深入剖析了构建持久家族传承的复杂性与传承规划的精妙之处。对于矢志于家族企业世代繁荣的群体而言，它是必读之书。

——费拉妮塔（Feranita）博士，马来西亚泰莱大学国际家族企业中心创始主任、高级讲师

这本书深入探究了商业中的家族动态关系，提供了全新的概念与工具，助力家族企业应对诸多挑战，诸如吸引下一代参与、处理传承事宜、建立社会影响以及打造有韧性的家族企业。

——马丁·肯普（Martin Kemp）博士，英国家族企业研究基金会研究主管

推荐序一
理解创业家族发展的路线图与行动指南

家族企业是人类社会最古老的商业组织,也是迄今为止各国经济发展中不可或缺的重要企业形式,但是家族企业作为世界上数量众多、影响力最大的一种企业形式,一直没有受到应有的关注和研究,造成这一状况的原因既有各国家族企业普遍刻意低调或自我隐蔽,也有学术研究者、专业服务者受自身认知限制而缺乏对此整体的把握。国际家族企业学术权威,来自意大利的阿尔弗雷多·德马西斯教授和埃马努埃拉·龙迪教授长期合作、共同探索,从最新家族企业理论研究出发,构筑了一个帮助创业家族成功完成代际繁荣的路线图和行动指南,这一研究成果就是现在摆在大家面前的这本书。

两位作者看待家族企业的理论出发点不是大家熟悉的三环模式、家族企业管家理论或社会情感财富等理论,而是把创业家族放到观察的中心位置,形象地提出了"创业家族星系"(entrepreneurial family galaxy)这一概念。两位作者并没有对这一概念进行严格定义和理论分析，而是用这样的一种隐喻来概述和理解创业家族的复杂性，"星系"包括家族企业、家族财富公司、家族不动产公司、家族图书馆等丰富的家族实体，"星系"从时间维度上包括创业家族的过去、现在和未来，"星系"也包括创业家族成员的各种相互关系。全书分析重点从家族企业转为创业家族，同时用"星系"这一概念把家族企业仍然牢牢地放在探讨的范围之内，因而可以适用于不同形态不同发展阶段的家族企业。这是本书导读和第 1 章的内容。

这本书从第 2 章开始的章节安排是从"创业家族星系"概念出发理解创业家族的复杂性，分别论述了如何培育和发展家族，包括宣传和欢迎新成员，梳理创业家族的各种冲突和家族治理（第 2 章），经营好家族企业与理解家族的独特行为（第 3 章），培养和发展有责任心的家族股东，设置好股东结构、所有权结构和家族控股结构的具体形式并进行持续调整，在"星系"中持续完善治理体系（第 4 章），管理家族财产和运营好家族办公室（第 5 章），家族积极参与慈善和其他影响力投资，改进家族的社会形象（第 6 章），积极支持年轻一代加入家族企业，完成代际传承（第 7 章）。从这些章节的内容我们可以看出，两位作者非常强调创业家族的主体性、家族行为的系统性和长期影响力，这些家族成员并非被动的富 N 代或食利阶层，而是具有旺盛生命力和创业精神的社会成员。虽然创业家族仍然会积极培养优秀的商业经营者、投资者或管理者，但是他们首先是有责任心的家族股东；同时结合家族企业的未来发展，充分发挥每个个体的兴趣和天赋。可以看到，两位意大利学者眼中的创业家族与一般读者对于成功家族企业的刻板印象有着明显区别。

如果这本书是大家接触家族企业管理的第一本书的话，那么两位作者把相关领域的研究成果通过围绕"创业家族星系"这一概念极其系统、形象地展示出来了。值得提醒的是，在这本书中，两位作者提出了围绕建设创业家族关键步骤的思维练习、任务清单和重点分析，具有较高的实用价值和指导价值。因此，这既是一本重新梳理已有知识、帮助读者整体理解家族企业的知识手册，又是认识家族、解决家族关键问题的行动指南。

与现代发达市场经济国家的企业相比，中国历史上的家族企业还鲜有能够突破家族范围的成功经验，"富不过三代"一直是困扰中国家族企业成长发展的重大难题。改革开放以后的中国家族企业还处于第一代传承到第二代的关键时刻，也处于创业家族的逐渐形成之中。中国家族企业的成长发展当然需要外部环境的持续改进和专业服务，但是家族自身是否能够积极接受挑战，不断增强经营能力、治理能力和影响力，依然是家族企业顺利完成传承和发展的关键所在，因此，这本书的翻译和引进正当其时。

陈凌

浙江大学管理学院企业家学院院长、家族企业与企业史教授

推荐序二

打通家族企业的世代繁荣之路

《从家族企业到商业世家：创业家族世代繁荣的路线图》的出版恰逢其时，会给读者带来很多惊喜和收获。阿尔弗雷多·德马西斯教授和埃马努埃拉·龙迪教授作为国际家族企业学术权威，在这本书中创造性地提出了"创业家族星系"的概念，建立了一个全新的家族（企业）认知系统，从更高维度诠释了家族（企业）的本质特征。

在复杂的内外部环境及挑战之下，维系"创业家族星系"有效运行的核心要素是什么？是家族（企业）的愿望与能力！如何才能达成高层次的家族（企业）的愿望共识，如何才能多维度提升家族（企业）的系统能力？必然是要有有效的家族治理、企业治理、财富管理、价值平衡与传承规划，以及多领域之间的长期平衡发展，这是该书的逻辑框架。

两位作者依托出类拔萃的家族企业研究能力与成果积累，以及全球领先家族咨询专家的丰富实践与经验，在这本书中从多视角出发深入浅出地回答了家族治理、企业治理、财富管理、价值平衡与传承规划等家族成员、研究者及从业者普遍关注的核心问题以及需要把握的关键节点。

这本书不仅分析阐述底层逻辑,而且深入探讨行动路径,系统分享专业技巧,提供核心工具,融会贯通了逻辑、路径、技巧与工具四个层次,既有理论高度,可作为研究指导,又有实战深度,可作为行动指南,这是该书最为值得推荐的核心价值。在阅读中,有以下几点值得特别关注:

其一,两位作者在这本书中对于家族(企业)所有权结构的高度关注,以及对于家族信托、家族基金会、家族控股公司及家族办公室等结构性工具价值的把握,有别于一般的学术研究,这本书发现了家族治理、企业治理与财富管理的关键"抓手",为家族(企业)的持续发展提供了结构性实现路径,这与当下国内领先研究与实践探索是一致的,而且充分响应了中国家族(企业)的迫切诉求,非常有实践意义。

其二,两位作者在这本书中对社会情感财富的持续关注,以及对个体价值、家族价值、企业价值与社会价值的同步尊重与深度关切,对传承规划、家族慈善、家族影响力等核心问题的深入探讨,准确把握了家族(企业)代际发展的关键基因,与当下国内领先研究与实践探索高度契合,也深刻回应了中国家族(企业)的最新思考与发展方向,极具当代价值。

其三,从当代中国家族(企业)发展实践来看,家族(企业)迫切需要全面应对底线安全、全面合规、价值平衡、持续发展及系统传承这五个关键性挑战,需要探索多场景下的整体解决方案。家族不仅需要提升家族共识与能力,而且需要构建正确的认知框架并发现可靠的行动路径。为此，家族（企业）需要做什么？如何做？这本书为家族成员给出了可靠且具有操作性的解决方案。

其四，在中国家族（企业）咨询服务行业蓬勃发展的当下，包括家族办公室在内的各类家族财富管理机构虽有发展，但更有迷茫，服务机构及从业者急需建立澄清家族（企业）核心诉求的底层逻辑系统，也需要构建开展家族（企业）服务的核心逻辑体系，更需要把握切实有效的服务原则与路径。如何才能从家族立场出发，实现与家族的世代同行，这本书为从业者给出了非常有力的答案。

虽然这本书篇幅不大，但既有充分的宽度，也有足够的深度，是一本工具书级别的著作，而且普适性很强，家族成员、研究者及从业者均适合阅读。

感谢两位作者的奉献，拓展了我们的思维边界！

张钧

大成律师事务所高级合伙人

中国家族力研究中心主任

暨南大学管理学院家族企业研究中心副主任

推荐序三

我是一名经验丰富的企业家，在多代家族企业中深耕已久，像知名的果汁饮料品牌果倍爽（Capri-Sun），还有曾在食品行业位居全球前列的天然香料及配料制造商威尔德香精公司（Wild Flavors）。我非常荣幸地向大家介绍德马西斯教授和龙迪教授的这本开创性著作——《从家族企业到商业世家：创业家族世代繁荣的路线图》，这不是一本普通的出版物，在家族企业世代传承的这场复杂且意义重大的旅程里，它恰似指南针，帮助我们守护、发展家族企业。

在创业家族领域，创新激情与亲属纽带相融，面临的挑战与机遇独具一格。我们身为守护者，守护的不只是企业，更是家族的丰厚遗产与传统。书中分享的洞见，与几代人创业积攒的实用智慧深度契合。一方面，它扎根于两位作者20多年的严谨研究以及通过诸多出版物沉淀的知识、专业见解和实证成果；另一方面，它充分汲取了他们长期担任创业家族导师、顾问所积累的丰富经验。

这本书的独特之处在于其整体视角，它不只着眼于商业运作机制，还细致研究了创业家族背后复杂的关系网、情感纽带与内心愿望。通过把家族置于分析的核心，德马西斯和龙迪提示了一条前进的道路，这条道路包括代际创业的财务维度与社会情感维度。

　　"创业家族星系"概念与我的亲身经历高度契合。我们不只是运营公司，还营造生态系统，比如培育家族办公室、家族基金会等围绕核心企业运转的组织。回顾我的家族历程，书中描绘的困境与机遇清晰可见。无论你是家族成员、顾问，还是专业人士，书中的智慧都会加深你的理解，指引你的行动，助力创业家族世代繁荣。书中的路线图，既是战略规划，更是行动号角，促使我们革新方法、拥抱创新，构建代际叙事，激发力量。

　　我要称赞德马西斯和龙迪的开创性贡献。他们拓宽了读者对创业家族创造繁荣的认知，彰显出作为思想领袖、关键专家，对全球创业家族群体的赤诚奉献。愿大家享受阅读这本书的过程，借这本书照亮创业家族星系的前行之路，激发世代传承精神。

汉斯－彼得·威尔德博士
多代家族企业的企业家和慈善家
汉斯－彼得·威尔德家族
办公室所有者兼董事长

推荐序四

我很荣幸为大家介绍《从家族企业到商业世家：创业家族世代繁荣的路线图》一书。在这本书里，阿尔弗雷多·德马西斯与埃马努埃拉·龙迪深入探究了创业家族为培育、推进世代利益所创设的多样组织形式。此外，他们精心绘制了一幅路线图，能引领家族在跨代传承之路上稳步前行。

家族企业堪称国家经济的中流砥柱。历经多代发展，家族企业对社会进步助力极大，在全球范围创造了数亿个就业岗位，贡献了超过 70% 的全球 GDP。家族企业形态多元，规模上有小型、中型、大型之分；家族企业组织形式多样，涵盖有限责任公司、企业集团、基金会等；家族企业代际传承涉及一至八代家族成员，合作模式包括兄弟姐妹合伙、表亲财团等。

家族企业并非一成不变，而是鲜活的生命体，不断顺应市场、技术与社会期望的变动而发展调适。在加速变化、日趋复杂的世界，制定连贯且具有目标性的家族所有权战略，对于家族财富在代际间成功传承至关重要。德马西斯与龙迪提出的"创业家族星系"，是一个充满活力、动态且持续演进的实体，它由家族企业、家族信托公司、家族办公室、家族基金会、家族学院等诸多组织构成，各组织目标明确，齐心助力家族所有权战略落地。

这本书深入研讨家族创造者设计家族所有权战略、持续管控星系的诸多方法与路径，旨在服务家族目标，保障传承连贯性，激发代际创新与创业热情。

这本书呈现出富有远见的创业家族塑造家族传承的方式，即制定家族所有权战略，搭建与自身价值观、目标与时代背景相契合的组织。书中展现了家族发展的多元路径，帮助读者洞悉家族企业如何在传承、治理、商业变革等挑战下坚守使命。这本书还探讨了诸多家族企业相关书籍鲜少涉猎却极为关键的话题，比如家族精神、家庭资产、下一代积极参与家族事务的活力机制，以及以统一协调的方式管理家族整体财富与资产的重要性。

两位作者成果丰硕、研究严谨，在家族企业与家族办公室领域作为知名顾问享誉全球。他们以一种面向实践的叙事方式，借助行动框、工具及各类应用活动，助力家族与家族企业专业人士践行共同见解。此书将严谨的学术与实际的应用融为一体，将家族企业研究的复杂内容转化为易于从业者运用的实用见解。

创业家族阅读此书，既能在书中寻得自身经历的映照，又能收获丰富知识，指引家族未来前行之路。书中的见解与策略，旨在激励大家打造独有的创业家族星系，并使之世代传承、长盛不衰。

亚历克西斯·迪罗伊·德布利奎
国际家族企业协会（FBN-I）首席执行官

推荐序五

向该书作者致敬。他们引入"创业家族星系"这一新概念，这个新概念与创业家族及其世代传承的动态紧密关联，涵盖范围广泛，既包括家族企业的核心业务，也包含家族办公室、家族基金会、家族孵化器、家族信托公司、家族房地产公司、家族投资公司等相关组织网络。读者研读这本书，将会找到一种务实之法，有效激励、大力推动反思与切实行动。

德马西斯与龙迪二人，兼具研究者、教育工作者、顾问等多重身份，凭借深厚的知识底蕴与丰富的实践经验，贡献了诸多可行的见解，这些见解极具价值，可赋能家族成员、非家族成员、管理者、投资者、顾问，以及所有与多代家族企业合作的专业人士。

朱迪·格林博士
家族企业研究所（FFI）主席

推荐序六

对于家族企业而言，最紧迫的问题是什么？是在保持创业精神的同时，实现跨代传承与繁荣。众所周知，仅有约30%的家族企业能够成功传承至第二代。我们常常在新闻中看到家族企业面临关键抉择的讨论与挣扎，尤其在中国，约有80%的民营企业为家族企业，而其中多数正在经历或即将迎来首次代际交接，这一挑战尤为紧迫。

尽管学术界与咨询界对这一议题的关注日益增长，但很少有著作能像《从家族企业到商业世家：创业家族世代繁荣的路线图》这样，深入浅出地探讨这一复杂主题。

这本书最令人耳目一新的，是其对"创业家族星系"这一概念的聚焦——这一理念超越了传统的企业组织边界，拓展至由个体、关系、价值观与抱负构成的更广阔结构，揭示了家族如何以多样的形式延续其创业精神。在这本书中，阿尔弗雷多·德马西斯与埃马努埃拉·龙迪结合多年世界级的学术研究与丰富的企业咨询实践，将学术深度与现实意义巧妙融合。

通过对本书第 1 章"创业家族星系"的深入理解，创业家族有机会建立清晰的愿景与平衡的结构，找到能力与意愿之间的最佳匹配。在后续的六章中，作者系统地阐述了构建协同一致家族星系的关键要素。

翻阅该书，如同与睿智而热情的朋友对话，让人充满动力与思考。书中汇聚了家族企业领域最前沿的知识，从家族办公室与慈善等新兴议题，到家族价值观与下一代参与等核心主题，应有尽有。语言始终保持清晰、易懂与吸引人，从而打破了学术作品常常难以实际应用的困境，实现了自然流畅的连接和交流。得益于两位作者与众多家族企业紧密互动的经验，该书所呈现的工具、案例与分析框架既具有学术价值，又贴近实际，能够引发学者与从业者的共鸣。

作为阿尔弗雷多与埃马努埃拉的朋友和同事，我非常高兴看到这样一本著作问世。在学术生涯中，我曾接受阿尔弗雷多的指导，也与埃马努埃拉共事，有幸见证他们在研究与实践中展现出的卓越智慧与高度投入。"创业家族星系"这一概念正是他们长期学术旅程的结晶，凝聚了多年的探索与思考。他们对于理解与支持创业家族的热忱，在书中的每一页都跃然纸上。

这本书具有极高的阅读和收藏价值——不仅因为它内容扎实、基于实证，更因为它可作为反思与战略规划的实用指南。无论你是家族企业成员、顾问、教育者还是学生，都可以从这本书清晰的结构、实用的模型（如"系谱图"）、每章要点以及精心整理的延伸阅读中收获颇丰。这本书既适用于战略研讨、课堂教学，也适合在静谧的夜晚细细品读。

作为一名长期从事家族企业研究与教育的学者，我非常荣幸为本书写下这篇推荐序。我坚信，它将成为推动家族企业学术与实践融合发展的里程碑式作品。更重要的是，它为正在探索世代繁荣之道的创业家族，提供了一条充满希望、切实可行的路径。

葛冰冰

英国高等教育学会高级会员（SFHEA）

英国兰卡斯特大学管理学院家族企业中心

创业与战略系助理教授

译者序

商业世家：家族企业传承的新思路

翻译《从家族企业到商业世家》这本书，缘起于我即将在机械工业出版社出版的另一本书《创业家族：中国家族企业传承路径》。

我对家族企业的研究已有近18年。2008年，我联合发起了接力中国青年精英协会，目前该协会已经是国内最大的"第二代企业家"协会，从那时起我一直关注中国的家族企业，并担任过许多家族企业的顾问和教练。我也阅读过大量家族企业相关的学术著作和文献，算是有了一定的理论基础和实操经验。基于这些思考和经验，我计划撰写一本关于中国家族企业"创业式传承"的书，并在2023年就向机械工业出版社的编辑提交了这本书的提纲，并开始写作这本书。

但《创业家族：中国家族企业传承路径》这本书在写作中遇到了一些困难，让我一度中断了这本书的写作。中断写作的原因很多，其中一个很重要的原因是：我对这本书的期望值比较高，希望能写一本真正反映中国家族企业现状，并能指导家族企业传承的书。市面上谈论家族企业的书已经很多了，如果这本书不能做到与众不同，那还是不写为好。市面上关于家族企业的好书并不多，很多关于家族企业的书要么理论过于陈旧，和当今中国家族企业的现实挑战隔得很远，要么讲一些海外家族企业的案例，但因为经济和文化背景与中国差异较大，实际应用价值有限，也缺乏具体的操作指南。

2024年初，机械工业出版社正好想要引进《从家族企业到商业世家》这本书，询问我是否有兴趣翻译，或许能通过翻译这本书获得一些写作灵感。阅读完这本书的英文原书后，我立马要求翻译，因为这的确是一本研究家族企业的里程碑式作品，把对家族企业的关注重心从企业转为家族，不追求企业的基业长青，而追求家族的世代繁荣，这是本书的第一个亮点。这一观念颠覆了目前家族企业研究的理论窠臼，给出了全新的思路，也和我的观念不谋而合：家族的世代繁荣比企业的基业长青更重要。

家族企业的代际传承太难了！据多方研究统计，在欧美国家，第一代掌控企业的家族，仅30%能将企业传至第二代，12%可从第二代延续至第三代，仅4%能到第四代。即便是那些成功实现了代际传承的家族企业，也会让下一代成员陷入"留下"或"离开"的两难选择，最后虽然企业被传承下来了，但家族成员普遍感觉到不幸福，也无法实现家族的世代繁荣。这种心态的根源是家族过于聚焦企业，将家族与企业等量齐观，甚至偏重企业控制，轻忽了家族福祉。

目前对家族企业的研究，大多会提到哈佛大学教授戴维斯提出的"家族企业三环模型"理论。在这个理论中，家族企业包含三个重叠系统：家族系统、所有权系统和企业系统，并衍生出七种利益相关者：①家族管理者，②家族所有者兼管理者，③不持股家族管理者，④非家族股东，⑤非家族管理者，⑥不参与经营的家族成员，⑦非家族所有者兼管理者。家族企业需要设计好这三个重叠系统，平衡这七种利益相关者的关系。

我认为，"家族企业三环模型"的确简洁优美，对建立家族企业的治理结构有所帮助。但它过于侧重于企业视角，对家族视角关注不够，它关注的是家族企业的永续，而非家族的世代繁荣。在目前科技日新月异、竞争日趋激烈的年代，企业的生命周期本来就不长，吉姆·柯林斯在《基业长青》里精选出来的标杆企业，已经有部分企业陷入困境，何必要有"基业长青"的执念呢？把家族和企业的命运高度绑定的结果是，不仅无法实现"基业长青"，也限制了家族的"世代繁荣"。

这本书把重心从企业转为家族，创造性地提出了"创业家族星系"的新概念。在这个星系中，企业是创业家族努力的一个方向，是家族财富增长、扩张的工具，但家族的世代繁荣还需要有其他组织，比如家族委员会、家族办公室、家族基金会、家族控股公司、家族学院、家族信托公司、家族博物馆、家族房地产公司等。这些组织经常相互重叠，创业家族需要在诸多实体和举措间抉择，确保长期成功、协同运作，才能实现家族的世代繁荣。

本书的第二个亮点是作者背景和研究方法。两位作者阿尔弗雷多·德马西斯和埃马努埃拉·龙迪都来自意大利这个有丰富家族传承经验的国家，他们都是"参与式学者"，在过去 20 多年的研究历程中，积累了大量的专业知识、经过实践验证的方法，收集定性与定量数据，并展开深入分析，从而推动对相关现象的认知。除此之外，他们还长期担任创业家族的导师和顾问、一些大学的家族企业研究中心主任，具有丰富的实践经验，使其著作有说服力。

本书的第三个亮点在于，除了理论分析之外，还介绍了许多实用方法，有助于读者更有效地提炼和运用。例如，如何绘制家族星系图，并据此评估家族内部关系等多个方面。因此，这本书可被视为一本工具书，通过阅读本书，读者可全面了解战略规划的重要性，并能评估自身家族企业的当前状况，进而制定出适合自身发展的家族宪章。此外，本书还提供了参与慈善活动的具体策略，这也是其相较于其他同类书的独特之处。书中提出的方法论基于大量真实案例及数据分析得出的结论，不仅科学严谨，且经过了市场检验，这使本书成为联结学术研究与商业实践的桥梁，对希望提升管理水平的企业极具参考意义。

我看过不少有关家族企业的书，但这些书大多讲的是源自欧美国家的企业案例，和中国的家族企业所处的时代背景相比差异很大，很难应用于当下的中国家庭企业，缺乏参考价值。此外，在市场经济持续了上百年的国家中，许多家族企业已有百年历史，传承路径相对成熟。而在中国，新一代的民营企业是在改革开放后发展起来的，现在的家族企业最多只有两代，且由于成长环境和教育背景的差异，从一代到二代的传承难度远高于二代以后的传承，这是中国家族企业传承的一个特点。虽然其他国家的传承经验可以借鉴，但难以模仿。而且，这些书中的案例企业所处的行业和时代特点也不尽相同。这些案例企业大多处于变化缓慢的时代和传统行业，如宾馆、餐厅、葡萄酒等服务业或农业。而在工业行业，尤其是高科技产业，技术迭代迅速，企业生命周期短，有些企业可能还未到传承阶段就已衰落。

我提出过"创业式传承"的想法。原因是我观察到在中国民营企业中，那些相对成功的第二代继承人通常并非按照传统方式接班。所谓传统接班方式，是指继承人毕业后回到家族企业，从总裁助理或基层经理做起，逐步成长，最终因熟悉家族产业和相关行业资源直接接班。通常，这种情况较为少见。更多情况下，这些第二代继承人会在父辈的基础上，利用其财富资源及所在行业的资源进行创新，开发新产品或服务，或探索新的商业模式，以此发掘企业的第二增长曲线。一旦第二增长曲线取得成功，积累了足够的能力和团队，并在企业内部形成威望，再来接班会更具说服力。这种接班方式不仅能快速提升第二代的领导力，还能培育其团队，避免处理与老一辈管理者之间的复杂关系。此外，通过创新和内部创业，第二代继承人还可以延长企业寿命，为家族传承奠定基础。若没有第二代继承人的成长，家族企业的传承将难以实现。

　　本书提出的"创业家族"和"创业式传承"的思想内核是一致的。那就是家族成员的每一代都要有创业精神，且创业的内容应该更加丰富多元，不应该被原有的家族企业所局限，它可以是家族信托、家族博物馆、家族投资基金等。当我们将家族企业视为创业家族星系中的一个元素时，许多事情便会豁然开朗，视野会更为开阔，思路也更加广泛。在翻译这本书的过程中，我的思路也被打开了，这对我写作《创业家族：中国家族企业传承路径》颇有助益，在那本书中我也引用了这本书的部分素材，特此感谢两位作者。

陈雪频

关于作者

阿尔弗雷多·德马西斯（Alfredo De Massis），是克耶地 - 佩斯卡拉邓南遮大学（此前在波尔扎诺自由大学任职，于2024年8月31日卸任）以及IMD的创业与家族企业教授，还担任创业家族、政策制定者的顾问。2024年，在《小企业经济学》期刊发表的研究里，他获评全球顶尖家族企业学者。2022年2月，因思想领导力对全球家族企业领域影响重大，被《家族资本》列入全球100位最具影响力的家族企业影响者名单；同年9月，家族企业联合会将他选入家族企业名人堂，彰显其杰出贡献。在编辑工作方面，他是《创业理论与实践》杂志（位列英国《金融时报》排名前50）的编辑、《家族企业评论》的副编辑，并在国际上的公共和私人组织董事会任职。需要特别指出的是，他担任中国浙江大学家族企业研究所和企业家学院的学术委员会主席，自2022年以来，他是意大利首个家族办公室观察站的联合创始人，并担任国际科学顾问委员会主席。

阿尔弗雷多的研究被引用超过 23 000 次（使他跻身斯坦福大学前 1% 的科学家之列）。其研究成果广泛发表于众多一流的学术和专业期刊，包括《管理学会杂志》《组织科学》《战略管理杂志》《管理学杂志》《管理研究杂志》《创业风险杂志》《创业理论与实践》《战略创业杂志》《研究政策》《产品创新管理杂志》《管理学会观点》《家族企业评论》《商业伦理学杂志》《加利福尼亚管理评论》《管理学会学习与教育》《家族企业战略杂志》等。此外，他的研究成果还被众多媒体报道，包括《金融时报》《哈佛商业评论》《MIT 斯隆管理评论》、美国消费者新闻与商业频道（CNBC）、《太阳报》《每日镜报》《独立报》《国际家族办公室杂志》《24 小时太阳报》、Porta a Porta（意大利广播电视公司 1 台）等。其研究成果被欧盟委员会作为科技报告出版，在英国政府及议会展示，被欧盟文件引用，纳入世界卫生组织数据库，对政策制定产生了一定影响。他还为伦敦家族企业研究所等制作资助研究报告。自 2020 年起，他担任欧盟委员会可持续发展与中小企业小组专家成员。

阿尔弗雷多创立或重启了 3 个国际家族企业研究中心。2015 年他被《家族资本》评为全球 25 位家族企业明星教授之一；2024 年初，在《欧洲家族企业杂志》文献计量研究中，他被评为过去十年家族企业研究领域最具影响力、生产力的作者，在《管理科学评论》的相关研究中，他获评家族企业创新领域最具生产力学者；2021 年，在《社会情感财富研究的科学计量分析》里，他被评为最具生产力、影响力学者之一，是科睿唯安（Clarivate）高被引研究人员。2018 年 3 月，国际家族企业学会（IFERA）在对"家族企业研究领域新星"的评审中，将他的 6 篇文章纳入全球最具影响力家族企业研究成果。

阿尔弗雷多以跨学科能力知名，其研究涵盖历史学、心理学、管理学，客座编辑了超过 25 期领先学术期刊特刊。他于 2024 年被授予国际家族企业学会院士，2023 年被授予家族企业研究所院士，这个称号授予那些拥有全面专业知识与重要专业见解，能够为家族企业成员提供价值的个人。他荣获多项学术荣誉和奖项（最近一项是 2023 年 7 月获得的家族企业研究所颁发的芭芭拉·霍兰德奖），并获得了众多公共资助机构及私人组织提供的大量研究经费。在 IMD，阿尔弗雷多还为家族企业威尔德（Wild）集团教席的学术咨询活动贡献智力和思想领导力。他在众多领先的家族企业会议上担任主题演讲嘉宾，并受邀前往奥地利、比利时、加拿大、智利、中国、捷克、芬兰、法国、德国、希腊、印度、意大利、列支敦士登、卢森堡、荷兰、葡萄牙、沙特阿拉伯、新加坡、西班牙、瑞典、瑞士、英国、美国和委内瑞拉等地担任访问学者并开展其他演讲活动。2020 年 9 月，阿尔弗雷多入选 We Wealth 的"人才俱乐部"，该俱乐部由家族财富和财富管理领域的 200 位意大利顶尖思想领袖和影响者组成，涵盖经济学家、资产管理者、高级管理人员、律师、会计师、房地产顾问和艺术顾问。2022 年 9 月，他再次入选 We Wealth 的"200 位顶尖财富顾问"名单，该名单只包含具备卓越资质协助企业家、家族办公室、财富管理者和创业家族制定和执行复杂的财富、家族和商业决策的个人。此外，自 2021 年 10 月以来，他一直担任"意大利家族企业资源"的科学委员会主席和指导委员会成员，这是一个由企业家、专业人士和学者组成的非营利组织，致力于意大利家族企业的发展。同时，他任职于兰卡斯特大学管理学院家族企业中心（2016 年之前担任该中心主任）。在开始学术生涯之前，阿尔弗雷多曾在 SCS 咨询公司和埃森哲战略服务部门担任管理职务，并在意大利证券交易所（伦敦证券交易所集团成员）担任金融分析师。

埃马努埃拉·龙迪（Emanuela Rondi）是意大利贝加莫大学管理系副教授。她在取得管理工程学位后，于英国兰卡斯特大学管理学院获得家族企业管理博士学位。她曾在加拿大卡尔加里大学、奥地利维也纳大学和英国爱丁堡大学担任客座讲师。在撰写本书时，她是国际家族企业协会下一代峰会的学术协调员。埃马努埃拉是国际家族企业学会的理事会成员，并兼任该机构研究发展计划主席。作为意大利家族办公室观察站的国际研究协调员，她负责设计研究举措并与全球从事家族办公室主题研究的研究人员保持学术联系。埃马努埃拉是马来西亚泰莱大学国际家族企业中心学术顾问委员会成员。她是贝加莫大学 CREO 教育项目设计团队的一员，该项目为所有学科的学生提供创业入门课程。她是贝加莫大学管理、会计与金融博士课程指导委员会成员。她为本科生和研究生教授家族企业管理、国际商务管理和商业模式创新课程。她为博士生教授定性研究方法课程。埃马努埃拉曾在意大利米兰理工大学管理学院和比萨圣安娜高等学校担任家族企业和家族办公室高管课程的协调员兼讲师，还是贝加莫大学管理学院研究生院的董事会成员。她的研究成果发表于诸多顶级期刊，包括《管理学杂志》《组织科学》《管理研究杂志》《战略创业杂志》《创业理论与实践》《世界商业杂志》《战略组织》《家族企业战略杂志》及其他入选英国《金融时报》和ABS（英国商学院协会）榜单的期刊。此外，她还曾在《MIT斯隆管理评论》《国际家族办公室杂志》《24小时太阳报》等平台发表文章，并共同主编了《产品创新管理杂志》及《小企业》杂志的两期特刊。作为主旨演讲嘉宾和研讨会主席,埃马努埃拉在奥地利、法国、印度、意大利、马来西亚、波兰、葡萄牙、沙特阿拉伯、英国和美国等地发表演讲。她的研究长期在主要国际会议上展示,如美国管理学会年会、欧洲组织研究学会(EGOS)、国际家族企业学会和家族企业研究会议。埃马努埃拉的研究活动成果让她获得了多个奖项,如家族企业研究所杰出审稿人奖、意大利管理工程师协会(AiIG)帕利亚拉尼奖、舒尔茨出版奖和南蒂罗尔储蓄银行最佳青年研究员奖。她与创业家族尤其是下一代成员密切合作,协助确定参与家族事务的模式、构建家族治理机构、发展家族学院并促进跨代沟通。

导 读

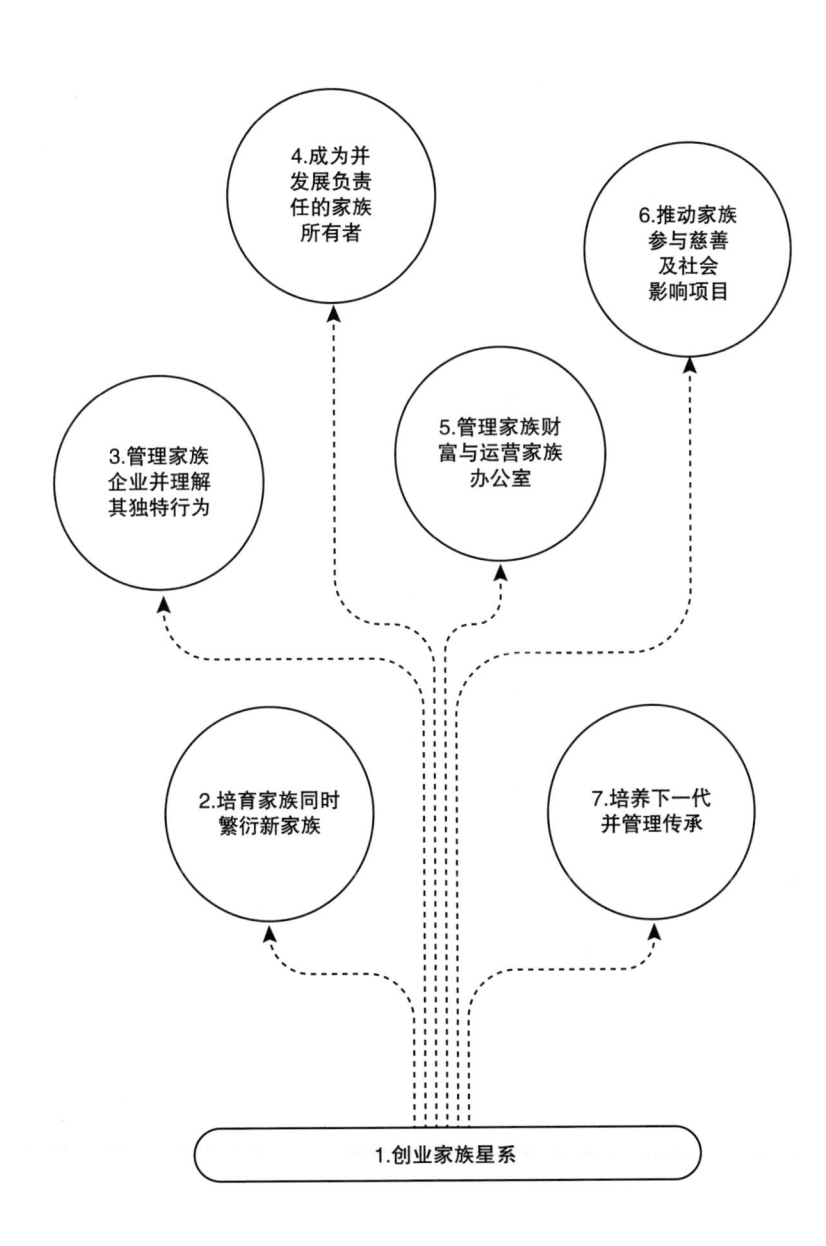

- 1. 创业家族星系
- 2. 培育家族同时繁衍新家族
- 3. 管理家族企业并理解其独特行为
- 4. 成为并发展负责任的家族所有者
- 5. 管理家族财富与运营家族办公室
- 6. 推动家族参与慈善及社会影响项目
- 7. 培养下一代并管理传承

为什么你需要阅读本书

家族企业是全球各类经济体中最为常见的企业形态。全球企业总量中，家族企业占比达三分之二，其创造的年度GDP，在全球占比70%~90%，吸纳的就业人数占全球50%~80%。一些知名品牌如伯莱塔（Beretta，其历史可追溯至1526年）、嘉吉（Cargill，创立于1865年）、豪帅快活（Jose Cuervo，从事龙舌兰酒生产超250年）、花思蝶（Frescobaldi，现已传承至第30代）和虎屋（Toraya，成立于16世纪）都是家族企业，它们涉足各行业，从酒庄、餐馆到军工和能源领域。当消费者知晓一家企业为家族所有时，常心生关爱、真实、优质之感。即便家族不公开身份，其影响力也会左右相关组织的目标、愿景与行为。许多家族企业初始便是中小企业，且长期维持此规模，不过，部分家族企业会随时间推移（或长或短），发展成大型企业、企业集团，或变身创业家族，拥有不同类型企业及其他组织的投资组合。实际上，判断一家企业是否为家族企业，无关企业规模、存续时长与所属行业，只要企业中的两个或更多家族成员把控"主导联盟"，通过这个联盟管理企业，着力塑造并追逐愿景，且有望世代延续，它便是家族企业。[1]

家族企业世代存续、繁荣发展，对全球创业生态系统至关重要。然而，代际传承困难重重，仅有少数家族企业能在传承过渡中存活。据多方研究统计，第一代掌控企业的家族，仅30%能将企业传至第二代，12%可从第二代延续至第三代，仅4%能传至第四代。[2] 家族企业极为担忧损毁先辈创下的家族遗产，进而无法给子孙后代提供同等发展机遇。家族遗产融合了家族成员的过往历史、重要事件、家族仪式及共同记忆，与商业活动、家族财富紧密相连。不过，过往遗产有时也会给下一代造成负担，令他们感觉被困于家族企业之中。

这种困境源自一种错误观念，即认为企业应成为家族决策的核心，这使得下一代成员陷入"留下"或"离开"的两难选择。这种困境经常会让下一代自问："我该不该离开家族企业？这个决定会怎样影响我在家族中的关系？"这种心态的根源在于家族过于聚焦企业，只在企业本身的范围内看待利害关系和影响。这一观念在家族企业研究、咨询领域颇为常见，专业人士秉持以企业为中心的思路，将家族与企业等量齐观，甚至偏重企业控制，轻忽家族福祉，经典的"家族企业三环模型"便是例证。[3]

根据"家族企业三环模型"，家族企业包含三个重叠系统：家族系统、所有权系统和企业系统。其中，家族系统涵盖持股家族成员，情感纽带强、有共同历史、人际关系复杂；所有权系统彰显所有者权益，聚焦股份分配、股权架构、股息收益、决策权力；企业系统关乎企业运营管理，囊括日常事务、战略规划、业务流程运作。三个系统重叠会产生七种利益相关者，他们分别是：①家族管理者，②家族所有者兼管理者，③不持股家族管理者，④非家族股东，⑤非家族管理者，⑥不参与经营的家族成员，⑦非家族所有者兼管理者，他们会因为目标、价值观、期望有别而产生冲突、紧张关系。"家族企业三环模型"虽有助于洞察家族企业中的不同角色、把握家族企业动态，但该模型以企业为中心，未充分考量不同社会、企业系统的边界关联与复杂程度。我们认为需要运用综合视角，考虑创业家族在其运营企业内外所确立诸多举措、实体的作用，以谋世代繁荣。换句话说，家族企业聚焦于企业本身有利于洞悉运营中的动态变化，但容易忽略家族成员在企业之外创建的一系列业务活动和实体，而这些业务活动和实体能为家族的复杂系统增添广泛价值。

事实上，只是着眼于家族企业，难以把握创业家族管理财富面临的复杂状况。比如，家族企业的股息若未再投入企业，而是投向公共投资、房地产等，以企业为中心的视角就难以洞悉实现世代繁荣的深远影响。这个视角在解读家族结构演变时也有短板，家族结构演变既有横向的离婚、再婚、继子女关系变化，也有纵向的姻亲家族融入、后代家族形成。以企业为中心的研究方法在工业时代家族多关联单一公司时可行，在家族企业初创期亦有效，可如今系统演变、家族与商业复杂性攀升，该方法已然过时。当下创业家族积极将财富投往多类企业、实体，涉足金融投资、慈善事业等多个领域，遗憾的是，家族企业研究、咨询常聚焦于家族企业或控股家族，鲜少提及这类复杂性。

为什么我们的方法不同

在本书里，我们的方法核心是把创业家族放在分析的中心位置，因为我们深知其在创业生态系统中的重要性。我们会深入探究创业家族所处的复杂关系网以及其中的动态变化，将这些看作机会的源头。我们倡导家族成员开辟独属于自己的道路，不要受限于过往决策以及现有实体。如此一来，家族成员就能凭借多样的举措，为家族释放并创造价值。这本书能让读者有机会理解创业家族世代传承旅程中的种种微妙之处与复杂性。它还明确指出了关键问题以及困境所在，使读者可以从中获取具有可操作性的见解，并且提供能有效解决这些问题的实用方案。本书所分享的见解，不仅适用于参与商业经营的家族，对于那些寻求指导、想知道如何在这一变革之旅中为家族导航并提供支持的专业人士和顾问来说，同样具有价值。

将创业家族置于中心

创业家族，即投身创业活动、开展商业冒险的家族群体，家族成员齐心协力，在创业实践里寻找和追逐创造价值的契机。创业家族看重可持续增长、财富积累以及家族遗产代代传承，做决策时秉持长期导向，从小型家族企业到大型跨国公司，它们广泛存在于各行各业。我们的全球研究显示，创业家族手握世界相当部分财富，其举动对社会影响深远。要长期维系创业家族团结，归属感、社区意识不可或缺，资源整合产生的规模经济效应助力颇多，为子孙传承遗产的共同承诺凝聚人心，家族情感纽带也至关重要。

创业家族不只是财富的拥有者，更是财富的持续创造者、管理者和守护者，肩负传承家族遗产重任，须以高度责任感守护家族资源。在这个视角下，家族财富远超金钱范畴。要当好家族财富守护者，创业家族成员必须确立明晰目标，凝聚共同愿景，提升自身能力。除了有形资产，其社会情感财富也受到瞩目，家族对所属企业、房地产、家族基金会等实体倾注情感，成员将自身身份、人际关系、情感依归与家族实体、资产紧密相连，期望长期把控资源，保障家族传承。当我们谈论创业家族的财富时，我们指的是广泛的资产，涵盖企业、房地产、股权、家族遗产、家族文化、家族历史、家族控股、家族团结和家族传统。

实现代际控制，是有效管理创业家族资产的根基。企业是创业家族努力的一个方面，是家族财富增长、扩张的工具。然而，管理家族财务和社会情感财富，其复杂性超出了企业层面，还包括管理创业家族衍生出的诸多组织，比如家族办公室、家族基金会、家族控股公司、家族学院、家族信托公司、家族博物馆、家族房地产公司等。这些组织还会经常相互重叠，比如家族控股公司、家族信托公司、家族办公室可能持有家族企业股份。面对如此复杂的所有权与管理网络，创业家族需在诸多实体、举措间抉择，确保长期成功、协同运作，给后代留下长久遗产。本书探究创业家族统筹管理多个组织时面临的挑战与机遇，旨在助力其应对复杂局面，提供实现世代繁荣所需的工具和见解。通过阅读此书并参与建议的活动，家庭成员将获得支持，从而制定出促进增长、保存财富、延续家族愿景的策略。家族企业的专业人士和顾问也可阅读本书来获得严谨的知识，辅助创业家族踏上变革之旅。

我们如何撰写本书

本书的写作源于三大根基：首先是我们20多年的研究历程、500多篇学术著作所沉淀的直接知识、专业见解与实证依据；其次是对过去50年家族企业文献的透彻领悟；最后是我们长期担任创业家族导师和顾问，以及作为一流大学家族企业研究中心主任积累的丰富经验。

我们是"参与式学者"，致力于融合研究的严谨性与实际影响力。研究的严谨性体现在与家族、家族企业、家族办公室、家族基金会以及家族企业专业人士和高管互动时，运用经实践验证的方法，收集定性与定量数据，并展开深入分析，从而推动对相关现象的认知。我们的数据收集手段丰富多样，涵盖访谈、焦点小组研讨、民族志研究、档案资料剖析、问卷调查，还会整合运用多个国家的大型数据库资源。我们的研究成果斐然，在顶尖学术期刊发表，也通过诸多渠道展现，比如为政策制定者和私人组织编写的研究报告，编辑成册的书籍和特刊，以及应用类和专业类的期刊、报纸等。凭借我们身处学术界与实践界的跨界优势，我们得以接触全球各地数百个创业家族，悉心聆听他们的故事，认真分享他们应对关键挑战的见解，这对深刻理解创业家族、精心撰写本书极为关键。身为家族企业管理、家族办公室课程教授，我们在本科生、硕士生和博士生等各层级开展教育活动，这既有利于我们搭建本书内容架构，又促使我们着眼于下一代成员的需求。我们还以咨询顾问的身份，协助创业家族在代际过渡阶段构建家族星系治理结构，这些经验让我们能深度洞悉创业家族，进而明晰星系运作的复杂性，把握长期管理所需的机制。你可以在本书"关于作者"部分或通过 alfredo.demassis@affiliate.imd.org 或 emanuela.rondi@unibg.it 联系我们，了解更多关于我们的信息。

导读注释

1. Chua, J.H., Chrisman, J.J. and Sharma, P. (1999) Defining the family business by behavior. *Entrepreneurship Theory and Practice*, 23(4), 19–39.
2. 我们认为，在代际过渡后不复存在本身不应被视为失败。事实上，上述统计数据并未区分家族企业的失败、关闭和出售。我们认为，成功在很大程度上取决于创业家族的目标，应该根据成就来衡量。我们与许多经历过流动性事件但在实现目标方面仍然非常成功的创业家族合作过。家族企业通常比非家族企业更具韧性，这与我们的研究一致（例如，Smith, Rondi, De Massis, Nordqvist, 2024, "Rising every time we fall: Organizational fortitude and response to adversities," *Journal of Management*, 50(5), 1865–1910）。

3. "家族企业三环模型"由雷纳托·塔吉乌里和约翰·戴维斯于1978年提出。在最近的一项研究《三环模型如何改变我们对家族企业的理解》中，戴维斯承认需要通过把握创业家族的财富和复杂性来扩展该模型。

01

The Family Business Book

第 1 章

创业家族星系

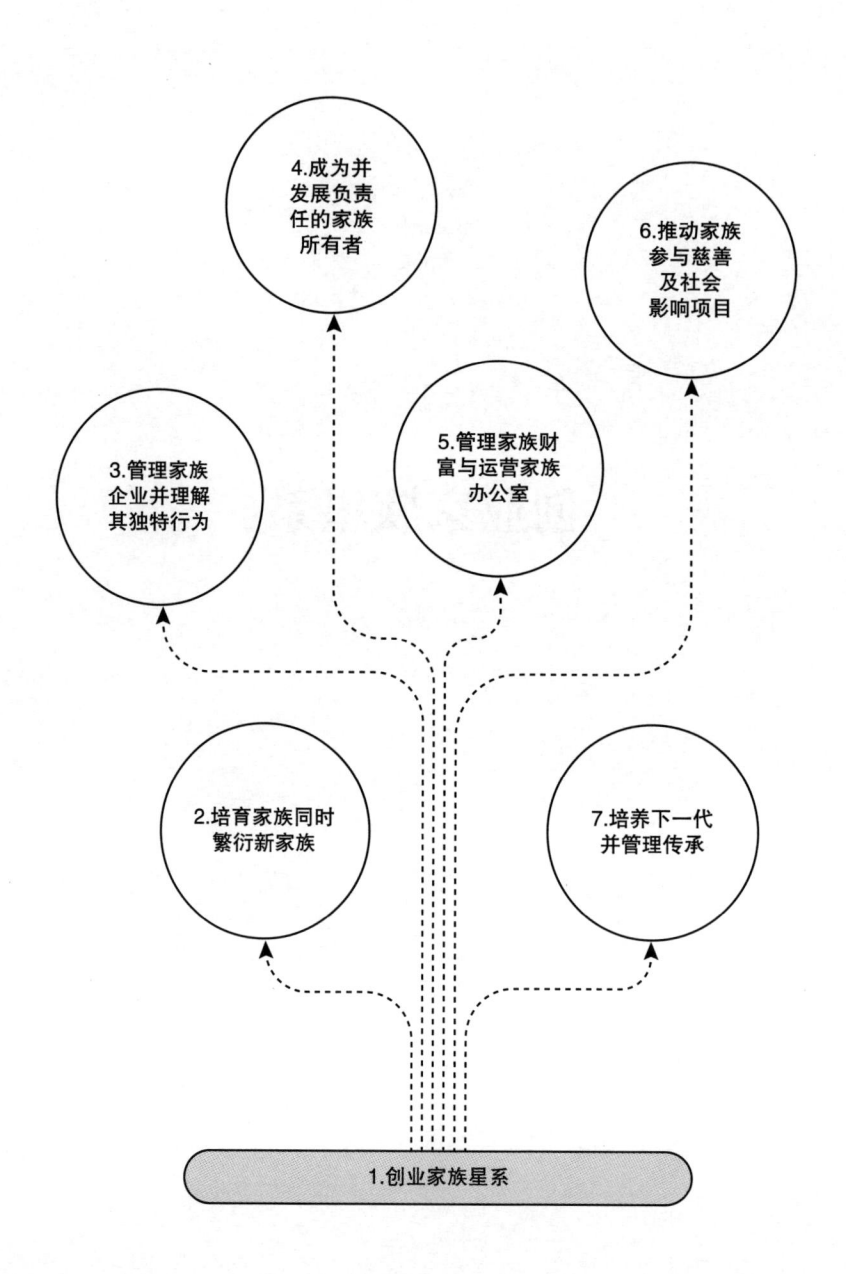

- 4.成为并发展负责任的家族所有者
- 6.推动家族参与慈善及社会影响项目
- 3.管理家族企业并理解其独特行为
- 5.管理家族财富与运营家族办公室
- 2.培育家族同时繁衍新家族
- 7.培养下一代并管理传承
- 1.创业家族星系

理解创业家族的复杂性：星系隐喻

创业家族具有激发活力的特质，凭借这一特质，能够创立并塑造出众多不同类型的组织。基于此，我们将创业家族视为一个星系的核心，其周边环绕着形形色色、种类繁多的组织。以星系为类比，创业家族位居中心，凭借两种"向心力"相互紧密关联，这两种向心力分别是"意愿"与"能力"。就意愿而言，创业家族需要在成员之间分享价值观和目标，以便在共同的价值认知与世代传承愿景的引导下，凝聚成一个紧密的整体。而在能力方面，创业家族应当确保星系内的各个单元在推行复杂举措时能够协同合作，同时建立起一套系统且连贯的治理机制。这样，创业家族的意愿与能力，恰似向心力一般，从长远角度来看，能够切实提升家族凝聚力，使得家族星系中的各类元素紧密关联、协同发展。

星系作为一个庞大的系统，包含恒星、恒星遗迹以及暗物质等。与之相仿，创业家族星系同样包含诸多组织，比如家族企业、家族办公室、家族（企业）基金会、家族控股公司、家族（企业）博物馆、家族投资公司、家族学院、家族孵化器、家族房地产公司、家族图书馆、家族信托公司等（见图1-1）。关于构成创业家族星系中各组织的具体定义，如图1-2所示。

创业家族就如同星系一般，在演变的过程中，受到内部力量与外部力量相互交织的影响，情况极为复杂。这些力量推动着家族组织产生、合并或者灭亡。各个创业家族星系在形态、规模以及组成

图 1-1 创业家族星系

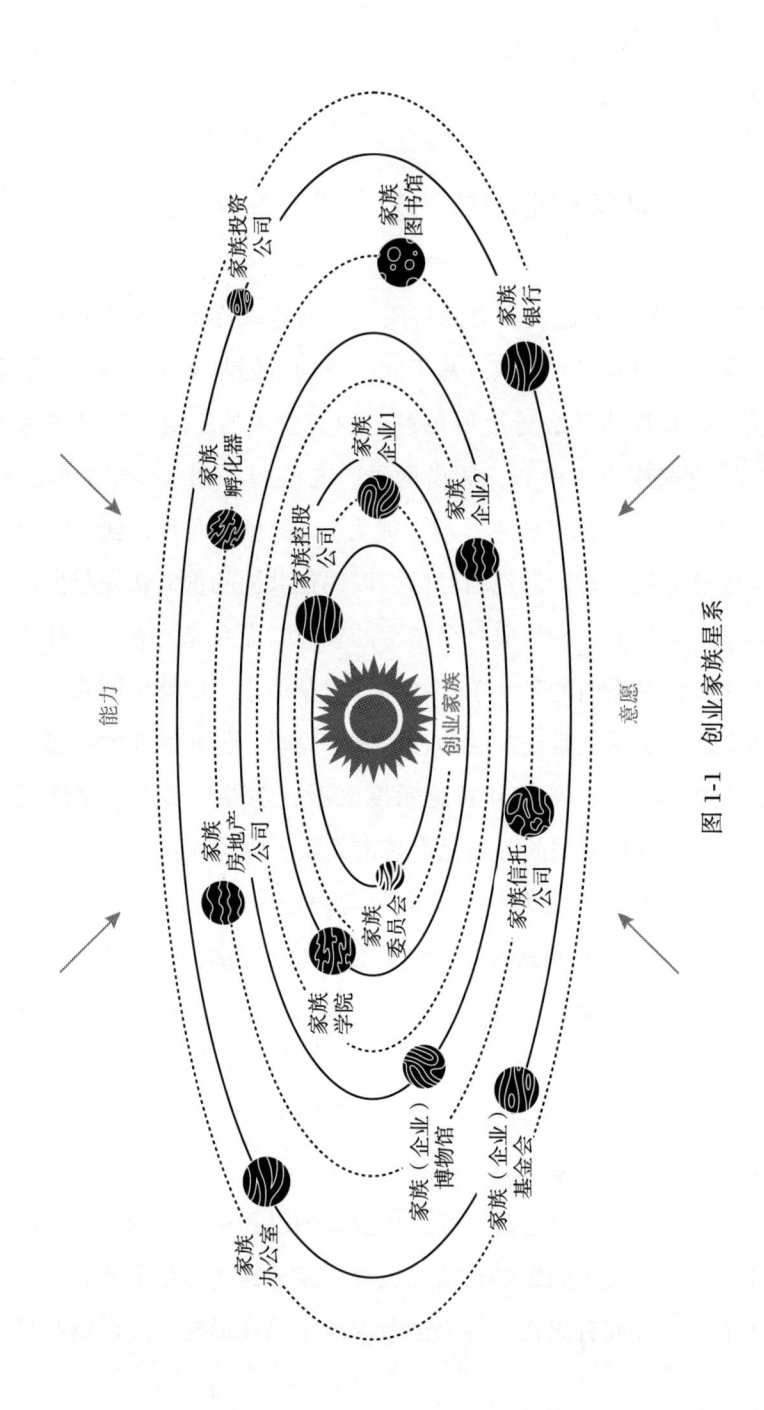

星系组织	定义
家族企业	由同一家族或少数几个家族的成员所控制的主导联盟来治理或者管理的企业，其目的在于以有可能在家族世代间可持续的方式塑造并践行商业愿景[①]
家族办公室	致力于提供个性化且全面的支持以满足家族独特需求的专业机构，旨在确保对家族的财务、人力以及社会情感财富在世代间产生持久影响。在本书中，我们对单一家族办公室和联合家族办公室均进行了探讨
家族基金会	以捐赠者或捐赠者家族积极参与并直接介入为特征的私人基金会
家族企业基金会	捐赠者为家族所有企业的基金会
家族控股公司	由家族所有或控制的公司，该公司直接进行投资并管理多元化的资产组合
家族博物馆	致力于保存档案（包括历史文献和文物）的机构，这些档案由特定家族所有或控制，通常包含对家族历史及兴趣领域具有重要意义的物品
家族企业博物馆	由家族企业或创业家族创建的专业机构，用以纪念其商业企业的历史、发展历程及所取得的成就
家族投资公司	专注于通过直接或间接股权投资来配置家族金融资产的组织
家族学院/家族人才培养中心	由家族自主创建的培训与发展机构，通过为家族成员提供提升商业敏锐度、所有权或者家族相关技能的机会来培养他们的能力
家族孵化器	专门为培育和支持家族成员发起的创业活动而设立的组织，它提供培育和赋权的环境，家族成员可在各种资源、指导及导师的协助下探索、发展和启动他们的商业项目
家族房地产公司	专注于房地产开发、物业管理、房地产投资以及属于创业家族的房地产资产经纪服务的企业
家族图书馆/家族历史档案馆	致力于收集和存储书籍、文件、照片、记录、文物及其他具有历史意义的物品的机构
家族信托公司	为家族成员的利益而设立的用于持有和管理资产的法律实体，经营财务安全、遗产规划以及资产保护业务
家族企业集团	由多元化且有附属关系的企业（子公司）组成的商业实体，这些企业通过多重纽带相互关联，包括金字塔所有权结构、封闭的市场联系以及家族关系，以协调各企业并实现共同目标
家族银行	作为中央投资分配枢纽的组织，通过向家族成员提供商业上不可获得的贷款来利用家族财富
家族委员会	为处理家族政策、家族协议等而设立的家族治理机构，以保障创业家族的福祉、利益及有效运作

注：① Chua et al., 1999.

图1-2 创业家族星系中可能存在的组织

方面都不尽相同。然而，在背后发挥作用的复杂机制是所有家族共有的。本书的核心内容正是阐述这些机制究竟是如何运行的。

如果读者对创业家族星系进行设计，那么他考察的视野就能够突破单个家族企业的限制，进而深入了解各个组织之间是怎样相互作用的，以此确保创业家族能够实现长久的繁荣。事实上，在家族星系内部的各个组织之间，存在着资源流动的现象，其目的在于实现家族的总体目标，这目标在各组织的战略与运营层面均有体现。

这一系列组织共同构成了创业家族星系。其中，所谓的"向心力"涵盖两个层面：其一为创业家族基于家族价值观与目标而秉持的意愿；其二是家族所拥有的在支配、分配、增添或者处置星系资源方面的能力。在后续的章节里，我们将会详细阐明这些组织的状况，解释它们与创业家族之间存在着怎样的关联，并且深入考量它们如何在星系内部相互作用。我们还将着重聚焦于星系在时间维度上所呈现出的动态变化，思考创业家族是如何对星系的演变趋向进行预先规划，并实现长期稳定发展的。

引领你的星系走向未来

能够实现多代繁荣传承的创业家族为数不多，然而那些传承成功的家族却能够激励其他创业家族奋勇前行、憧憬未来。若要确保创业家族能够实现长久的持续发展，当下就必须付诸行动，切实做好几件至关重要的事情：①悉心守护家族遗产，铭记先辈及其过往经历；②构建与过去以及未来的连接纽带；③精心培育下一代成员，助力他们茁壮成长。如此一来，下一代才能凭借自身的态度、满腔的热忱以及独特的兴趣爱好，为家族星系贡献力量。

阅读本书，读者能够了解应对创业家族关键挑战的有效方法，学会借助反思与行动来达成家族目标、优化治理结构并合理管理资源，掌握创新所需的工具、框架以及最佳实践方案。这些内容涉及传承、下一代参与、沟通协调、创新探索、冲突管控、专业化推进、践行所有权、财富精细管理、扩大社会影响力以及投身慈善事业等诸多方面，有助于推动创业家族实现代际繁荣。踏上探索之旅，创业家族能够为下一代营造优良的环境，赋予他们充足的自由空间以施展自身才华、挖掘全新机遇，全力铸就一个在当下、明日乃至长远未来都能够蓬勃发展的商业世家。

虽然代际视角贯穿于全书各个章节，但在最后一章，我们将着重聚焦于两项内容：其一，吸引、培育下一代的具体策略与方法；其二，剖析创业家族如何依托家族遗产转型成为商业世家，深入探究"家族创造者"这一关键却常被忽视的角色，并且提供实用的策略、实践活动范例、工作表、工具以及能够引发深度思考的问题。

你的创业家族星系呈现出怎样的模样？你可以借助行动框1反思你的创业家族星系当下的状态，由此开启阅读本书的旅程。

行动框1：了解你的创业家族星系

🎯 **目标**

本练习旨在帮助你绘制当前创业家族星系的地图。为此，你可以从最相关组织（如最初的家族企业）的基本信息入手。

参与者

星系中不同角色的家族成员。

主持人

本次会议可以是自我反思练习，也可以由顾问主持，他们可以帮助你构建星系地图。

时长

3小时。

所需材料

每位家族成员准备一张用于绘制他们对星系的想法的大纸，以及用于全体展示的白板或活动挂图。

流程

第一步（30分钟）：单独思考创业家族星系中的组织、参与其中的家族成员以及他们所扮演的角色。在一张纸上画出你的家族星系，并准备向家族展示你的绘图。

第二步（1小时）：每位参与者展示绘图并向小组介绍他们对星系的描述。

第三步（1小时）：作为一个小组，讨论并形成对星系的共同认识。

第四步——汇报（30分钟）：每位成员回答以下问题：

- 以这种方式呈现创业家族星系对你而言意味着什么？
- 你认为哪些组织（在利益或情感方面）对你而言更重要？为什么？

- 你认为在未来五年内是否应该引入其他组织来扩展星系？

其他建议

1. 如果家族成员超过15人，第一步可以分组进行。
2. 邀请家族顾问主持会议可能会有所帮助。
3. 在最后阶段考虑是否需要收集更多信息，以了解家族成员在每个组织中的角色，以及小组中谁可以探索和收集更多信息并与小组分享。组织一次后续会议并展示结果。

本书的结构和阅读方法

本书把创业家族当作主体，包括过去、现在、未来的几代人，同时把星系视作客体，考察家族企业之外的诸多组织，拓展了对家族企业的传统看法。创业家族能随时间推移建立这些组织，对自身拥有的各类资产加以管理和治理。凭借这一新颖视角，本书借鉴了一个导航框架（如图1-3所示），旨在引导读者制定能让创业家族世代繁荣的战略，还提供工具与方法，助力家族企业共同反思关键挑战，并采取行动落实战略。此外，本书提供实用工具、工作表、反思问题以及其他建议（体现在"行动框"中），来帮助创业家族展开沟通，构建和谐的代际叙事，增进家族成员的福祉与自由，使他们可以施展才能、承担责任、摆脱重负感。

从家族企业到商业世家

6. 推动家族参与慈善及社会影响项目
- 影响力与价值观
- 家族精神特质
- 家族慈善事业及社会影响项目
- 家族（企业）基金会、家族（企业）博物馆以及历史档案馆

7. 培养下一代并管理传承
- 代际传承与接班挑战
- 管理传承的最佳实践
- 培养下一代（家族学院）
- 利用家族遗产打造家族商业世家
- 家族创造者与家族领袖的演变

5. 管理家族财富与运营家族办公室
- 家族财富管理
- 偏好资产
- 家族办公室的创建及类型
- 家族投资公司、家族孵化器
- 家族银行以及家族房地产公司

4. 成为并发展负责任的家族所有者
- 负责任的所有权
- 所有权治理与能力
- 主动所有者和被动所有者
- 股东协议、家族控股、家族企业集团以及家族信托公司

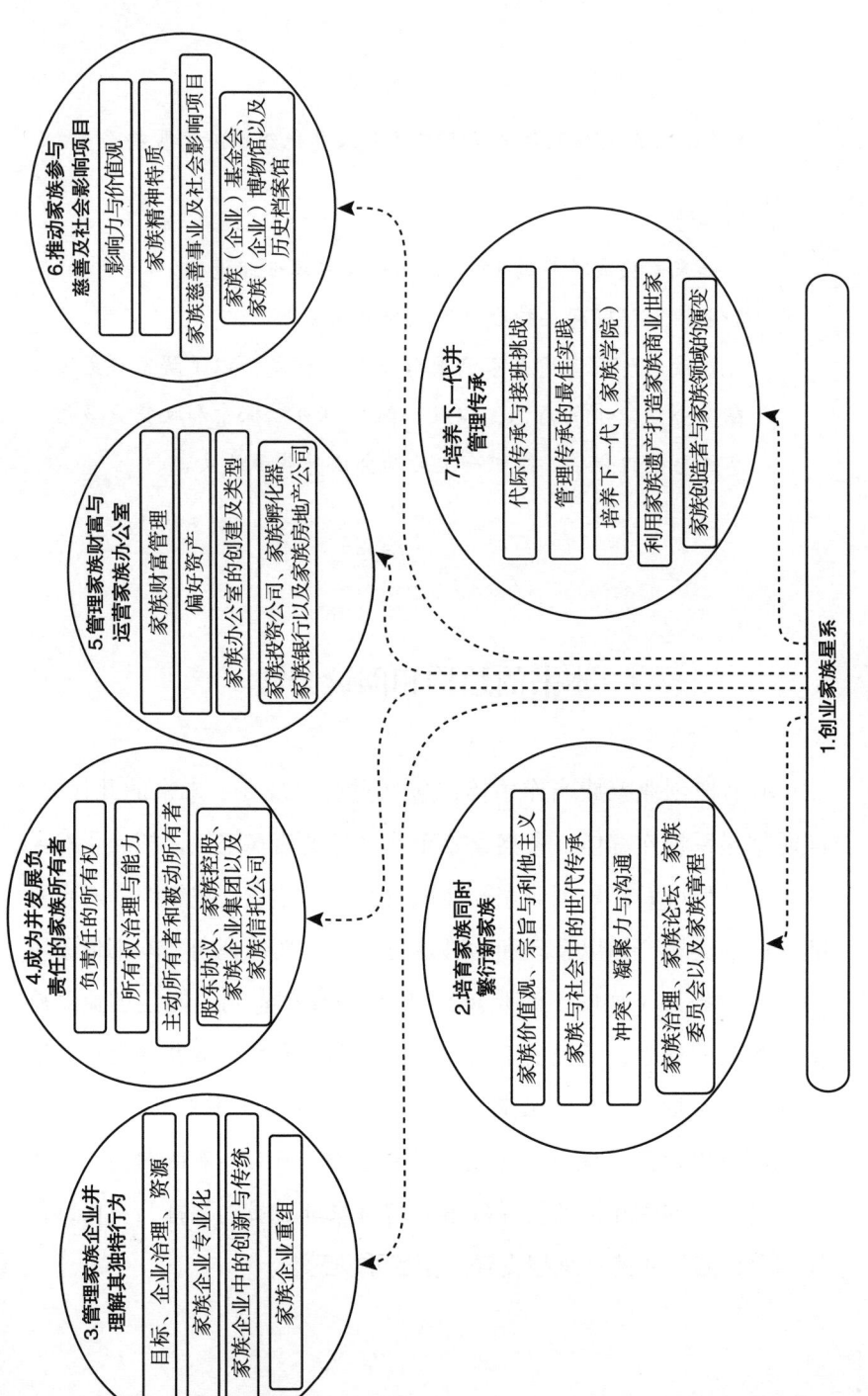

2. 培育家族同时繁衍新家族
- 家族价值观、宗旨与利他主义
- 家族与社会中的世代传承
- 冲突、凝聚力与沟通
- 家族治理、家族论坛、家族委员会以及家族章程

3. 管理家族企业并理解其独特行为
- 目标、企业治理、资源
- 家族企业专业化
- 家族企业中的创新与传统
- 家族企业重组

1. 创业家族星系

图 1-3 本书导航框架

如图 1-3 所示，本书包含 7 章（含本章），每章都给出基于研究的见解、要点、值得反思的关键问题，还有将建议付诸实践的实用工具与练习。在每章末尾，我们会根据已发表的研究推荐一些阅读材料。

在这一章里，我们概括了每章主要内容，建议读者按顺序通读全书。你也可以先读第 7 章，了解星系的动态观点，知晓家族创造者在设计家族星系及该星系演变过程里的关键作用，再通过阅读第 2 章至第 6 章，深入了解各个星系组织及相关策略。如果你对创业家族星系的特定章节感兴趣，那么图 1-3 和概述部分能帮你确定该阅读哪部分内容。

第 2 章 培育家族同时繁衍新家族

创业家族可繁衍出诸多姻亲家族，后者价值观、目标与实践各异。维系这些家族间的和谐与团结，对家族繁荣意义重大，一旦分裂，星系整体或将遭受重创。本章着重指出，家族价值观、目标以及利他主义在增进家族团结层面发挥核心作用，而冲突会对该团结态势构成挑战。为助力星系内家族顺畅沟通、有效协调、合理控制并精准决策，家族治理的专门机构，诸如家族论坛、家族委员会，连同家族宪法、家族协议等工具，起着举足轻重的作用。本章将围绕家族及代际相关事宜展开讨论，深入探究家族治理的构建之道。

第 3 章 管理家族企业并理解其独特行为

本章探讨创业家族在星系中对家族企业的治理和管理，研究创业家族的意愿和能力对家族企业诸多关键方面的影响，诸如目标设定、资源调配、治理体系等，包括董事会和高层管理团队的设计，以及与其资源相关的主要挑战。家族企业要想持续保有竞争力，专业化、创新举措，以及巧用历史传统至关重要，且需以适配、独到的方式把控。同样，家族企业的重组经常发生，包括并购和剥离业务，这些都会带来特殊挑战，本章将予以深入研讨。

第 4 章 成为并发展负责任的家族所有者

所有权确保创业家族有权对其资产做出决策。明智而持续地行使所有权需要分配角色、制定连贯政策、分享观点和监控绩效。总之，这关乎创业家族制定和执行所有权战略。在本章中，我们讨论如何在创业家族中培养负责任的所有权并制定负责任的所有权战略。我们解释所有权治理、所有权能力的重要性，所有者可以扮演积极或消极的角色，探讨股东基础中有非家族所有者的影响。最后，我们讨论创业家族的股息政策，说明如何制定股东协议，并研究一些星系组织，如家族控股公司、家族企业集团和家族信托公司。

第 5 章 管理家族财富与运营家族办公室

创业家族若要管理财富与投资，或许得建立专门组织，如可设立家族办公室㊀，以便提供定制服务。家族办公室响应家族财富管理需求，协调并维系跨代管控家族财务、人力及社会情感财富，但要

㊀ 中国的家族办公室常被简称为"家办"，分为"单一家办""复合家办"。——译者注

确定家族办公室的合适类型、治理方式、人员配备与所需的能力水平，颇具挑战。创业家族也可能另建星系组织，像家族投资公司、家族孵化器、家族银行、家族房地产公司等。本章还会从广义的视角出发，探讨财富管理的关键挑战，涵盖金融财富与社会情感财富两方面，着重强调培养家族投资者的重要性，还会考量各类家族资产，包括偏好资产。

第6章 推动家族参与慈善及社会影响项目

创业家族期盼世代留存遗产，对社会施加影响，比如创建基金会、博物馆这类组织，能让广大社会利益相关者参与其中、从中受益。本章会探讨创业家族的社会影响力是怎样变化的，从慈善与业务分离，逐步发展成更整合的做法。如今，创业家族对ESG（环境、社会和治理）、影响力投资愈加感兴趣。我们还研究了，为什么创业家族都很在意自身的影响力，将家族精神视为产生影响力的强劲动力。我们还探索了创业家族为影响社会所采取的战略实践，以及为管理实践设立的星系组织，如家族（企业）基金会。创业家族对社会公益感兴趣，往往与家族的传统和遗产有关。所以，他们创建家族（企业）博物馆、家族图书馆、历史档案馆，把过往材料保存起来，秉持保管态度，留存并传播记忆。最后，我们还研究了其他一些有助于制定家族影响力战略的组织形式。

第7章 培养下一代并管理传承

代际过渡关乎创业家族的存亡。要想世代繁荣，创业家族就得适应变化环境，重新规划现有资产、创造新资产。管理传承既具挑战，又至关重要。守护家族遗产，支持下一代人才，是打造长久商业世家的关键。本章从过程的视角审视创业家族星系，探究其随时间的演变所面临的关键挑战及应对之策。传承中存在诸多挑战，如克隆欲望综合征、放手综合征、创始人阴影、家族企业牢笼等。对此，我们给出管理传承的最佳实践办法。本章还探讨了如何让下一代融入家族星系，提出一系列支持其发展的举措，诸如创建家族学院、人才库等。最后，我们研究了过去、现在与未来的循环连接，对推动创业家族世代发展的重要意义，揭示创业家族实现代际繁荣过程中常被忽视的关键角色：家族创造者。

| 本章要点 |

1. 将创业家族置于中心位置，可以从更广泛的视角看待如何世代繁荣。
2. 创业家族星系是一个由不同组织组成的复杂系统，这些组织通过资源流动相互作用，并由两种向心力维系在一起，即家族的意愿和能力。
3. 作为创业家族意愿的关键组成部分，共同价值观、强烈目标、团结和利他主义将家族成员及其在家族星系中建立的组织团结在一起，以管理他们的金融财富和社会情感财富。
4. 作为创业家族能力的关键组成部分，精心设计的家族治理结构是创业家族能够支配、分配、增加或处置其星系中的资源和财富所必需的条件。
5. 为了世代繁荣，创业家族需要发展和弘扬家族价值观和家族目标，设计适当的家族和企业治理结构，发展负责任的所有权，专业管理财富，制定家族慈善和社会影响项目战略，并采取行动管理代际过渡、吸引下一代并培养创业精神。

值得反思的关键问题

对于家族成员：
1. 你的创业家族星系的边界在哪里？涉及哪些人和哪些组织？
2. 你的星系由哪些组织组成？你的家族目前如何参与这些组织？
3. 成为创业家族的一部分对你意味着什么？
4. 你的创业家族成员准备以何种方式参与其中？

对于下一代家族成员：
1. 五年后你计划在创业家族星系中居于什么位置？
2. 成为创业家族成员带来的当下责任是什么？未来它们将如何变化？
3. 你有兴趣在未来成为家族星系的积极成员吗？
4. 其他下一代成员对成为创业家族的一部分有何看法？

对于顾问：
1. 创业家族星系的结构是什么？由哪些组织构成？

2. 创业家族与其星系有何关系？

3. 为了创业家族星系的未来繁荣，创业家族如何培养下一代？

4. 创业家族的治理结构是怎样的？

| 延伸阅读 |

Chua, J.H., Chrisman, J.J. and De Massis, A. (2015) A closer look at socioemotional wealth: Its flows, stocks, and prospects for moving forward. *Entrepreneurship Theory & Practice*, 39(2), 173–82.

De Massis, A., Kotlar, J. and Manelli, L. (2021) Family firms, family boundary organizations and the family-related organizational ecosystem. *Family Business Review*, 34(4), 350–64.

De Massis, A., Kotlar, J., Chua, J.H. and Chrisman, J.J. (2014) Ability and willingness as sufficiency conditions for family-oriented particularistic behavior: Implications for theory and empirical studies. *Journal of Small Business Management*, 52(2), 344–64.

De Massis, A., Frattini, F., Majocchi, A. and Piscitello, L. (2018) Family firms in the global economy: Toward a deeper understanding of internationalizetion determinants, processes and outcomes. *Global Strategy Journal*, 8(1), 3–21.

Rovelli, P., Ferasso, M., De Massis, A. and Kraus, S. (2022) Thirty years of research in family business journals: Status quo and future directions. *Journal of Family Business Strategy*, 13(3), 100422.

Smith, C., Rondi, E., De Massis, A. and Nordqvist, M. (2024) Rising every time we fall: Organizational fortitude and response to adversities. *Journal of Management*, 50(5), 1865–1910.

02
The Family Business Book

第 2 章

培育家族同时繁衍新家族

- 4.成为并发展负责任的家族所有者
- 6.推动家族参与慈善及社会影响项目
- 3.管理家族企业并理解其独特行为
- 5.管理家族财富与运营家族办公室
- 2.培育家族同时繁衍新家族
- 7.培养下一代并管理传承
- 1.创业家族星系

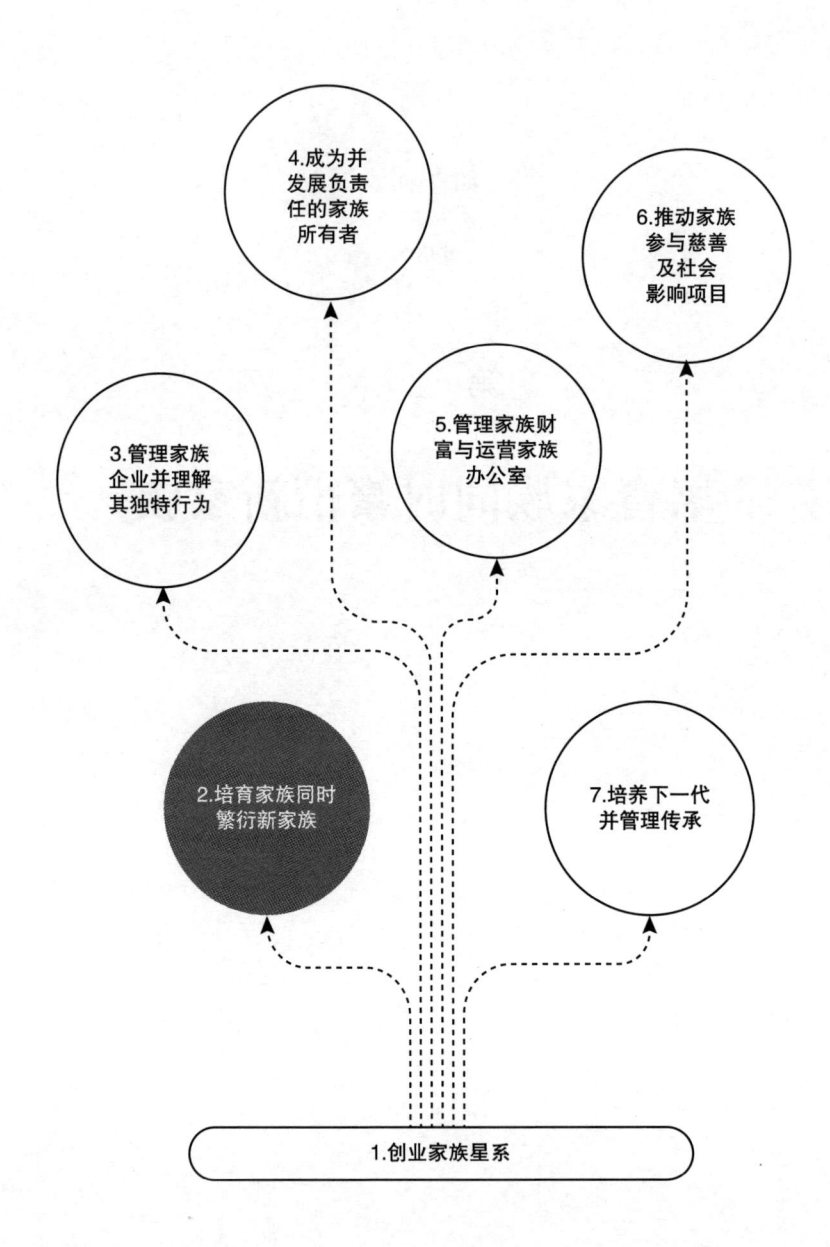

创业家族作为独特且充满活力的社会单元，处于个人关系、商业企业、财富管理以及更广泛的社会背景相互交织的关键位置。我们通常将创业家族当作一个整体来考量，然而在一个家族内部往往存在多个分支。例如，设想由数位创始人创立的企业，随着家族的逐步发展，先是他们的子女，随后是孙辈相继参与进来，并且其中部分人组建了自己的家庭。随着时间的推移，最初的单一家庭便演变成了在更广泛的创业家族范畴内相互关联的家族网络。如此一来，处于星系中心位置的创业家族，就如同相互关联的恒星集群一般，其中每个恒星都代表着家族起源中的一个分支家族。非家族后裔融入家族系统，并与家族后代共同衍生出新的家族，他们自身携带着独特的背景、文化与传统。这一系列相互关联的家族，使得家族动态更趋复杂。一方面，这对创业家族的发展起到了强化与支撑的作用；另一方面，当面临创建、管理多个不同组织所带来的挑战与宏伟目标时，又极易催生冲突加剧的局面。

本章旨在深入探究创业家族的关系、结构以及代际动态，挖掘其家族层面的状况。我们将会阐述家族关系与冲突之间的关联，并探讨在处理创业家族星系（本书简称为星系）内家族层面的问题时，沟通与家族治理所发挥的关键作用。通过参与我们建议的活动，你能够绘制自己的家族系谱图，并开始思考家族宪法的关键要点。

是什么将创业家族星系中的家族成员凝聚在一起

目标与价值观，作为创业家族星系两大向心力之一——"意愿"的核心构成要素，它们塑造了家族身份，引领家族行动，助力家族获取长期成功。这些基本要素赋予家族方向感与团结感，铸就超越个人私利的共同使命，使家族及其星系各组织的整体福祉成为关注焦点。家族利他主义是塑造创业家族目标与价值观的关键态度，即无私地关切其他家族成员的福祉，将他人的幸福置于其他利益之上。它通常涵盖诸如爱、善良、支持、牺牲等行为表现，个体愿意为此付出时间、资源与精力以惠及家族成员。从本质上讲，家族利他主义与爱紧密相连，是凝聚家族成员的情感纽带以及承诺的表达形式。在创业家族之中，利他主义具有极为重要的意义，能够培育成员间的团结、合作与支持意识。[1]

创业家族作为一个集体，其成员在星系中扮演多样化的角色，他们可能是所有者、企业家、家族企业管理者、董事会董事、通过家族办公室进行投资的投资者、通过家族基金会开展慈善活动的慈善家，又或是承担有远见角色的创造者，以确保星系能够随着世代的变迁而不断演变，契合家族与外部环境的变化。家族与星系各组织之间的联系呈现多层面性，与家族成员生活中的个人层面与职业层面相互交织。

到底什么是家族呢？在众多社会中，家族是社会化和提供支持的基本单元，给予成员爱、关怀并助力其成长。它在塑造个人身份、价值观以及信仰方面发挥着举足轻重的作用，同时还提供情感支撑、指引、稳定感、归属感与安全感。依据系统关系法，家族系统的演变是借助两种相反的机制得以实现的：稳态（homeostasis）与形态发生（morphogenesis）。[一]稳态旨在实现自我保护，家族围绕稳定结构逐步发展，以维系平衡并促进自身存续。形态发生则源于个体演变与生命周期，致使家族持续发生变化。二者的共存共同推动家族的发展。当原生家族衍生出新家族时，个体需要脱离原来的家族系统，青春期便是从依赖迈向自主的过渡阶段，有助于下一代成长为成年人。

每个原生家族都具备自身的规则、等级制度、利他主义和互惠意识。当一个家族成员组建新的夫妻关系时，所涉及的并非仅仅是两个人，而是两种不同的家族文化，他们必须探寻新的融合方式以衍生出新的家族（这个新家族通常被称为姻亲家族）。对于创业家族而言，由于星系中存在众多需要协调彼此关系的组织，规则、等级制度和利他主义就更有必要了。因此，姻亲可能尤其难以理解创业家族的文化与运作模式。例如，当第二代家族成员（G2）[2]生育子女后，第三代家族成员将会接触到与第一代不同的家族文化，处理这种三代文化的冲突可能颇具挑战性。事实上，在核心家庭中，第一代塑造了第二代的家族文化。按照这一模式，只有到了第三

[一] 稳态和形态发生是生物学中的两个重要概念。稳态指生物体内环境中的各种生理参数，如体温、血压、血糖、酸碱度、渗透压等，在神经系统和内分泌系统等的调节下保持相对稳定的状态。这种稳定状态是动态平衡的，即生理参数会在一定范围内波动，但总体维持在一个相对恒定的水平，以保证生物体的正常生理功能和生命活动。形态发生是指生物体在发育过程中，其细胞、组织和器官等结构从无到有、从简单到复杂、从原始到分化的形成和塑造过程，涉及细胞的增殖、分化、迁移、凋亡等多种细胞行为以及细胞间的相互作用和信号传导，最终形成具有特定形态和功能的器官或个体。——译者注

代，原生家族文化才会被重新塑造，而这往往会引发冲突。姻亲的文化由他们自己的原生家族所塑造，与第二代家族成员相遇时需要相互融合，以便为姻亲家族培育出新的文化。

虽然传统意义上的家族概念在很大程度上等同于核心家庭，即一对已婚夫妇与他们的子女共同生活在同一屋檐下，但近年来家族概念发生了显著变化。[3] 家族的组成和结构因文化而异，并且可能受到社会规范、文化传统以及个人选择等因素的影响。例如，除了传统的核心家庭，家族还可能呈现为混合家庭（由两个不同家庭通过再婚结合而成）、大家庭或单亲家庭等多种形式。

在过去，家族的复杂性会随着家族的成熟而递增，从第三代起，创业家族会扩展至单个家庭之外，第二代通过婚姻组建姻亲家族，从而衍生出多家族系统，引入多元文化。如今，尽管成熟阶段的机制依然存在，但家族结构却日益复杂，在第一代、第二代便开始对原生家族文化产生影响，老成员离婚、新成员再婚并育有继子女，同代中衍生出多个家族的情况屡见不鲜。

复杂性及其引发的动荡会加剧家族系统的不稳定性，离婚率的攀升便是其中一个因素，它影响家族团结，危及创业家族的长期成功与延续。离婚协议可能导致商业资产的分割或所有权的变更，进而破坏既定的商业结构。共同拥有企业的离婚配偶必须应对新的角色与责任，这会对决策过程产生影响并可能引发冲突。此外，离婚程序会严重消耗情感与金钱，分散离婚配偶对企业或者其他职业或家庭活动的注意力与资源。同样，通过再婚形成的混合家庭以及继子女的融入可能影响星系的动态，例如需要处理继兄弟姐妹之间的关系。结婚率的下降和非婚姻伴侣关系的增加给创业家族在所有权和领导权继承方面带来了独特挑战。非婚生子女的法律问题使得所有权和继承权的定义变得复杂，可能导致商业过渡过程中的争议或不确定性。

总体而言，不断变化的家族结构所带来的情感复杂性可能影响创业家族的福祉。平衡商业需求与继子女的需求、处理多种共同育儿关系或应对离婚的情感后果可能在家族内部造成压力。创业家族需要通过促进开放沟通、建立包容性决策过程和营造支持性环境来优先考虑所有家族成员的情感福祉，认识并尊重混合家庭的独特动态，必要时寻求专业支持。基于这些原因，在早期阶段考虑家族动态和家族治理至关重要，需要兼顾代内、代际和跨代层面。

家族世代

某一代人，通常是指在大致相同的时期出生，并且拥有共同历史背景与文化经历的一群人。在家族单位的范畴内，不同年龄群体形成的整体系统共同构成了家族世代。依据年龄以及所处人生阶段的差异，他们分别承担着各不相同的角色与责任。诸如出生、结婚、毕业乃至丧亲等重大事件，往往会促使家族中的多代人聚集在一起，有时候是为了庆祝，有时候是为了支持，有时候是为了表达哀悼之情。这种基于代际和跨代所形成的支持体系，以团结为根基，在家族内部构建了安全感、情感纽带以及关怀网络。例如，父母主要承担着照顾、养育子女的责任，而祖父母则可能扮演导师的角色，成为智慧的源泉。年轻一代能够为家族带来新的活力、新颖的想法以及独特的观点，有助于家族的成长与适应变化。

每一代都会为家族遗产增添新的内容。家族遗产是指家族世代长期积累的物质与非物质印记，包括传承下来的资产、家族价值观、传统、智慧、故事以及文化遗产等，它对下一代可能起到助力作用，也可能带来一定限制。除了物质资产，家族遗产还包含创业家族所积累的教训、分享的经验，以及所培育的情感与关系纽带。代代相传的知识、经验与故事，有利于塑造家族的团结精神、身份认同、归属感以及家族利他主义，维系与过去的联系。

每个家族都存在代际区分，即便没有参与商业活动也是如此，因此在创业家族里，世代的作用以及相互之间的互动显得尤为关键。在星系之中，多代人的共同存在催生了互动与权力格局，影响着跨代延续性。有些家族成员会自豪地宣称自己属于第三代或者第七代，并且第一代通常被认为是创立家族企业并创造财富的关键一代。不过，对于部分创业家族而言，要确切地确定传承了多少代并非易事，毕竟难以明确究竟哪个企业才算是创始企业。

一般情况下，星系中通常会有三代人。如果家族中有长寿成员，在幸运的情形下，有时甚至四代、五代人能够同时存在，星系中的家族世代大体上可划分为以下几类（见图2-1）：

上一代 上一代作为创始成员，为星系过往的成功奠定了坚实根基。他们阅历丰富，对行业规律了如指掌且充满创业激情。上一代成员在家族中大多承担领导职责，守护家族遗产，犹如导师一般给予指导建议，全力确保遗产能够得以传承。尽管各代之间的年龄界限并非绝对固定，但上一代中的成员大多数年龄在55岁以上。

代际	上一代	主力一代	下一代
人员特点	创始成员或那些对星系过往成功有贡献的人。他们拥有丰富的经验、行业知识和创业精神	创业家族中积极活跃的中年成员，目前参与星系组织的事务	准备在星系组织中担任企业家、董事、所有者、管理者或员工等角色的年轻成员。他们也可能对星系之外的角色感兴趣，是家族未来的"道德股东"
任务	在家族内担任领导角色，充当家族遗产的导师、顾问和守护者，确保其得以保存和延续	负责管理和发展星系。传承遗产的同时培养创新精神和适应能力，以应对不断变化的环境动态	确立自身身份、接受教育、理解家族价值观并支持家族传承
生活阶段	在一定程度上仍然以副职、主席或代表的角色参与星系组织或家族治理	发展紧密的亲和关系。 内部职业路径：参与星系或其他组织的事务。 外部职业路径：在星系外开展职业活动，但和星系有利益关系（声誉、股份、亲属关系等）	接受教育中，在从原生家庭独立并创建自己的亲属家族的过程中
年龄范围（大致）	超过55岁	35~55岁	35岁以下

图 2-1　星系中的家族世代

主力一代　主力一代属于创业家族中活跃的中年群体，当下正全身心投入星系或其旗下组织的事务之中。他们负责家族企业以及其他星系组织的运营管理与发展工作，坚守上一代所确立的价值理念与愿景目标。与此同时，他们需要应对诸多难题，例如凝聚家族向心力、管控各利益相关者的预期、推动创新举措实施、顺应环境动态变化等。他们的年龄通常处于35~55岁。

下一代　下一代包含创业家族中的年轻成员。他们为日后在星系组织中出任企业家、董事、所有者、管理者或员工等角色积极筹备，又或者有着其他兴趣方向，与当下星系组织并无直接关联，但终归属于创业家族，也是家族未来的道德股东。这一代人面临两大挑战，即明确自身定位以及接纳家族价值观与支持遗产传承。他们借助接受教育深造、磨炼技能以及接触星系组织的不同板块，为将来承担领导职责筑牢根基。他们大多数年龄未满35岁。

步入21世纪，老龄化危机扰乱了世代交替的节奏，给创业家族和政策制定者均带来了新的难题。人类寿命延长导致世代间隔扩大，进而使得不同世代的家族成员之间的关系趋于紧张，情感上也更显疏离。世代交替因此变得更为棘手，毕竟不同世代在专业技能、沟通习惯、领导风格等方面的差异更为显著。此外，家族概念本身也在发生演变，受多次婚姻、离婚、单亲家庭等因素影响，非传统家族结构日益普遍。面对如此挑战，拓宽审视世代交替的视野，并将当下种种现象全面纳入考量范围，显得至关重要。

因此，将家族内部世代与社会层面划定的世代群体相联系，具有重要意义。当下，社会依据早期成型阶段受社会文化状况影响而形成的共性特征，划分出六代：

沉默一代　他们是出生于1945年之前的群体，深受第一次世界大战余波影响，更历经第二次世界大战（简称二战）的惨痛。在成长过程中，他们的公开表达被视为危险且不妥之举，故而得名"沉默一代"，也常被称为"传统主义者""退伍军人"。作为现存最年长的世代，他们秉持传统价值观，习惯传统沟通方式，有着固有的生活观念。如今他们大多已退休，但拥有丰富的传统知识。历经二战的艰难岁月与不确定性,他们练就了应对困境、化不利为有利的能力。对他们而言,家庭、安全感、努力工作以及对国家的忠诚,均至关重要。他们对待技术大多持中立态度。

婴儿潮一代　他们是出生于1945~1964年的群体。二战后的经济繁荣极大地改善了人们的生活,出生率大幅飙升,社会迎来"婴儿潮",这代人由此得名。他们成长于冷战时期,未遭遇重大经济危机,见证了和平运动、环保运动的兴起,具备自律、渴望职业晋升、思维传统等特质。

X世代　他们是出生于20世纪60年代中期至80年代初的群体。在他们成长之际,社会、文化、技术发生巨变,经济动荡,遭遇能源危机、经济衰退,全球化浪潮兴起。他们是首批体验技术飞速进步的一代,亲历了个人电脑、互联网走进生活。这种不确定性的状态塑造了他们的工作价值观与态度,使他们更具个人主义、务实精神,独立且适应力强,自力更生。同时,切尔诺贝利事故与臭氧层空洞等重大的环境问题,提升了他们的环保意识,影响了他们对可持续发展、生态问题的看法。

Y世代(千禧一代)　他们出生于20世纪80年代初至90年代中期,成长于技术迅猛发展、全球化的时代,是数字原住民,精通技术应用与线上平台。他们重视工作与生活的平衡,追求职业成就感与意义,"9·11"事件是其成长路上的里程碑。他们崇尚个性、包容与社会责任,致力于平等与可持续发展,具备创业思维,拥抱创新、创意,常选择非传统职业路径,他们的特点是技术娴熟、渴望平衡、凸显个性与社群意识、坚守环保理念。

Z世代　他们是出生于20世纪90年代中期至21世纪10年代

初期的群体。他们深度融入并熟悉技术，在数字技术高速发展的时代成长，游刃有余地驾驭线上世界，融合虚实生活体验。他们思想开放，将多样性、包容性视为核心价值，借助社交媒体紧密互联，并视其为生活必需。面对经济衰退、全球变暖等状况，受个性、追求真实驱动，优先关注个人成长与自我表达，具有社会意识，积极倡导可持续发展、平等和正义，重视工作与生活的平衡，珍视灵活性，与亲友联系紧密。

阿尔法世代 他们是2011年后出生的群体。他们在快速迭代的技术环境中成长，很可能接纳新技术并助力新技术的发展，倾向于独立工作、自主决策，抵触严苛的规章。他们的环保意识突出，热衷于健康、有机的选择，向往绿色生活。得益于医疗进步与对健康的重视，预期这一代人寿命将显著延长。因经历新冠疫情等事件，他们倾向于活在当下、享受生活，秉持轻松的生活态度。

在代内、代际和跨代互动关系方面，有两点极为关键：一是要清晰知晓家族系统涵盖上述六个世代群体中的哪些部分；二是要明白他们如何构成创业家族的上一代、主力一代和下一代这三代。例如，下一代可能包含Y世代、Z世代或者阿尔法世代的家族成员。主力一代可能由X世代和Y世代的成员构成，也可能有部分婴儿潮一代的晚期成员。代内、代际和跨代关系的维系并非易事，然而要培育创业家族，就必须关注并推动每一代的发展。这就需要持续探寻方法，依据家族成员所处的人生阶段来促进他们的个人与职业发展。创业家族以持续繁荣为目标，所以妥善管理世代之间的沟通极为重要，要让每个家族成员都能够充分表达想法并被他人倾听。

创业家族是个人关系、家族动态和创业活动相互交织的独特枢纽。了解创业家族中上一代、主力一代和下一代的角色与动态，对于实施有效的家族治理和家族遗产传承至关重要。创业家族如果能稳固家族关系、统一价值观并采用前瞻性思维，就能在家族与各组织的复杂互动中顺利前行。密切关注代内、代际和跨代关系、做好战略决策并培养使命感，创业家族便能在适应变化环境的同时实现良好发展，既能达成自身繁荣，又能为社会贡献力量。

行动框2A：你的创业家族中都有谁

理解家族单位的动态，促进和谐关系，这对长期的成功与幸福极为关键。有个很有用的工具叫系谱图，它是美国精神病学家默里·鲍文（Murray Bowen）开发出来的，后来又经他人完善。作为一种图形表示法，它能直观呈现家族结构、世代、关系还有关键事件（参见图2-2）。

系谱图就如同详细的家族树，能清楚描绘家族里过去和现在的成员，以及成员间的互动情形。系谱图涵盖每个成员的传记信息，比如姓名、年龄、性别、出生日期、职业、在家族里的角色等；也涵盖成员间的关系，比如伴侣、兄弟姐妹、子女、叔侄、冲突等；还包括了重大事件，比如结婚、离婚、死亡等。系谱图可以追溯到第一代，把家族结构展现到当下。虽然它能纳入更近期的世代，但至少要涵盖三代人。这样全面的呈现，有助于发现跨代影响、权力动态和可能产生冲突的地方。围绕系谱图展开讨论，能让家族成员对家族动态有共同认知，进而强化沟通、加深联系，培育出有支持力且凝聚力强的家族单位。

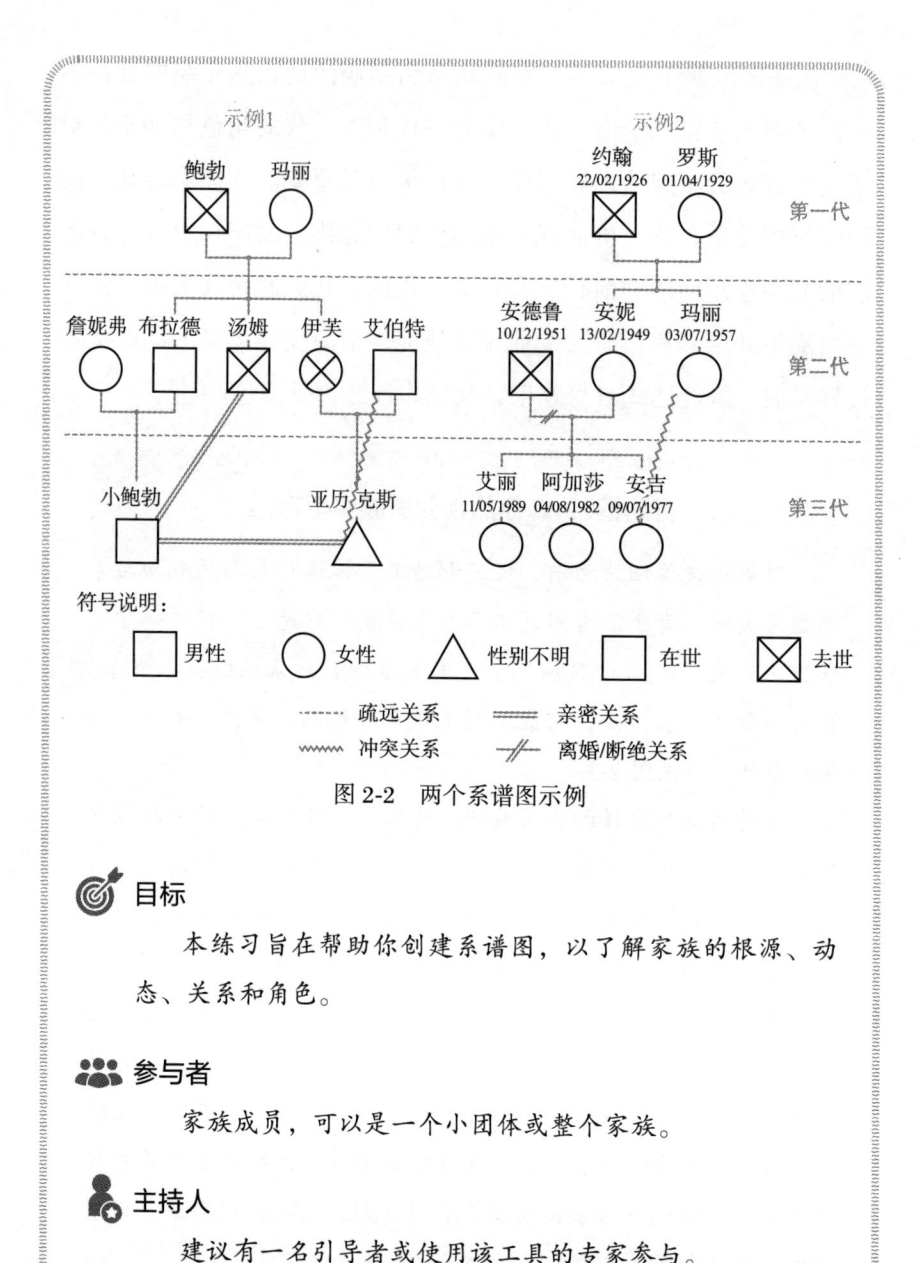

```
                示例1                        示例2
             鲍勃    玛丽              约翰         罗斯
                                   22/02/1926   01/04/1929
              ⊠    ○                ⊠            ○              第一代

   詹妮弗 布拉德 汤姆  伊芙 艾伯特    安德鲁      安妮      玛丽
                                   10/12/1951  13/02/1949  03/07/1957
     ○    □    ⊠   ⊗  ⊠             ⊠          ○           ○        第二代

                                   艾丽    阿加莎    安吉
                                11/05/1989 04/08/1982 09/07/1977
         小鲍勃      亚历克斯        ○        ○        ○            第三代
           □          △
```

符号说明：

□ 男性   ○ 女性   △ 性别不明   □ 在世   ⊠ 去世

- - - - 疏远关系   ═══ 亲密关系
～～～ 冲突关系   ⫽ 离婚/断绝关系

图 2-2　两个系谱图示例

🎯 目标

本练习旨在帮助你创建系谱图，以了解家族的根源、动态、关系和角色。

参与者

家族成员，可以是一个小团体或整个家族。

主持人

建议有一名引导者或使用该工具的专家参与。

时长

召开两次会议，每次两小时。

所需材料

大张纸、马克笔。

流程

第一次会议

第一步——收集信息：首先收集参与创业家族星系组织的家族成员的相关信息，包括姓名、出生日期、婚姻状况和任何其他重要事件或关系。为了帮助完成此练习，收集家族老照片以识别祖先并帮助重建家族树可能会很有用。请记住，系谱图必须包括所选（通常至少三代）的所有家族成员，无论在世与否。

第二步——确定世代：要确定家族中的不同世代，从最年轻的一代开始，逐步追溯到最年长的一代。为每个世代分配一个数字值（例如第一代、第二代等）以跟踪家族谱系。

第三步——绘制系谱图结构：使用一张大纸或系谱图软件工具绘制系谱图的基本结构。你可以从最年轻的一代开始，然后画一条水平线代表他们的父母，或者你可以从最年长的共同祖先开始，向下绘制到最年轻的一代。你可以添加个人和关系的细节来丰富系谱图的内容。

- 个人信息：姓名、姓氏（如果配偶不随对方姓氏，则特别重要）、出生日期。使用符号表示性别（例如，圆圈表示女性，正方形表示男性，三角形表示性别不明）、此人是否在世、重大疾病、职业活动（见图2-2）。你还可以添加形容词/名词，以帮助在家族中定位此人。通常，标注此人在星系组织中的角色信息会很有用。使用特殊符号或颜色标注他们在各种星系组织中的参与情况、角色、职位或责任（例如首席执行官、首席财务官等）。
- **关系信息**：你也可以使用符号表示个人之间关系的细微差别（见图 2-2 中的一些示例）。

第四步——确定缺失信息并在团队中分配任务，以便在下次会议中获取这些信息。

第二次会议

第一步——添加更多信息：考虑在系谱图中添加更多细节，如教育成就、重要里程碑或你收集到的任何其他相关信息，以更清晰地描绘家族动态和星系。

第二步——分析系谱图：一旦系谱图绘制完成，花些时间进行分析。寻找跨代模式、代际关系、潜在的冲突或协同领域，以及从家族和各种星系组织中可以收集到的任何其他见解。

第三步——反思和讨论：与家族成员讨论系谱图。反思家族历史、价值观、愿望，以及家族创业活动对家族动态的影响。这个练习可以促进理解、沟通，并为家族及其星系的未来进行规划。

💡 其他建议

创建系谱图需要对家族成员的隐私和感受保持敏感和尊重。确保以支持性和包容性的方式进行练习，鼓励家族成员之间进行开放对话和理解。

星系中家族的其他有用工具

除了系谱图，还有不少有趣的工具能帮家族进行自我分析。比如说，对家族成员展开访谈，深入了解他们的个人看法、经历与愿望。通过提出关于家族角色、沟通方式、价值观和目标的开放式问题，家族访谈为了解每个成员的想法和感受提供了独特的窗口。这些访谈可以单独进行，也可以以小组形式开展以鼓励大家畅所欲言、坦诚交流。家族成员只要积极倾听、接纳不同观点，就能全面知晓家族动态里的优势、挑战与愿望。访谈时可以由顾问协助，也可以让家族成员代表团参与。

家族活动和静修也给创业家族专门腾出了空间与时间，用来反思、联络感情并巩固家族关系。这些家族活动包括研讨会、团队建设活动以及引导式讨论等，重点都放在家族动态、共同价值观和未来期望上。家族成员从日常事务里抽出身来好好聊聊，加深对彼此的理解，让关系更紧密。家族活动和静修能让大家一起庆祝成功、应对挑战、设定共同目标，保障家族的幸福与凝聚力。我们会在家族论坛章节详细探讨相关内容。

训练有素的专业人士引导家族讨论，能给家族成员营造一个安全且有支持性的环境，方便家族成员处理敏感问题、改善沟通。讨论中家族成员既能说出自己的想法、担忧与愿望，又能认真倾听他人。引导者把控对话走向，确保人人都参与进来，增进家族成员间的理解与共情。家族讨论通过鼓励开展开放且有建设性的对话，帮助家族制定有效的冲突解决策略，加深彼此联系，增进团结。

还有一种名为家族系统排列（简称家排）的治疗方法，是德国心理治疗师伯特·海灵格（Bert Hellinger）开发的，专门用来挖掘家族内部隐藏的动态与系统纠葛。家族系统排列认可前几代人的影响，力求解决家族问题。在家族系统排列的会议里，有人提出想要探究的问题或担忧后，治疗师引导家族成员用其他人来代表家族系统中的某个成员，根据对家族动态的感知，凭直觉在屋里安排位置。家族成员也可以集体参加会议，或者用物体来替代个人。通过观察与引导互动，治疗师和家族成员就能深入了解家族内部隐藏的动态与系统失衡状况。

家族系统排列可能会揭示出跨越代际的纠葛、未解决的冲突或忠诚纽带。通过识别和解决这些潜在的系统模式，该疗法旨在在家族系统中带来愈合、和解以及更平衡的爱与支持。家族系统排列深入探讨了代际创伤和无意识的家族动态领域，因此是体验性和变革性的。我们建议创业家族在采用这种治疗方法时寻求专业人员的指导。

创业家族中的冲突

创业家族里的冲突，一般是由个人、职业和代际因素综合引发的。常见的冲突源头就是家族与企业之间界限不清晰，这样就造成家族成员角色不明，还可能引发权力争斗。家族成员可能分不清家族关系和职业责任，混淆家族和企业体系里起作用的逻辑，比如搞不明白平等和精英主义的差别，这种混淆在遇到权威、权力、决策、奖励和利益冲突时容易产生分歧。

虽然大家觉得冲突对家族团结不利，但我们和其他同行的研究越来越揭示出：冲突在关系里天然存在、冲突的性质各异，以及有时候冲突能带来的好处，比如推动变革、拓宽视野、促成更好的决策。冲突主要有四种类型：关系冲突、传承冲突、过程冲突和认知冲突（见图2-3）。

关系冲突
- 源于人际不相容性
- 其特点是个人之间的紧张和摩擦感
- 涉及对个人关系中差异和分歧的认识

传承冲突
- 发生在传承动态的背景下，通常与领导权或权力过渡有关
- 是组织或家族在传递角色、责任和权力的过程中产生的冲突

过程冲突
- 指关于工作应如何执行以及组织成员应如何参与的分歧
- 涉及与决策程序、沟通方法、资源分配和工作过程的其他方面相关的冲突

认知冲突
- 涉及对正在执行的任务的认识分歧
- 包括个人之间在观点、想法和意见方面的差异
- 聚集于对手头工作的不同想法和观点

图 2-3　创业家族的冲突类型

维护家族遗产的压力也会加剧冲突。家族成员对于星系中的各个组织有着不同的期望和愿景，当个人对星系组织的发展方向有不同想法，或者当他觉得不得不遵从前辈的期望时，冲突就可能产生。星系组织内决策过程中缺乏有效沟通和透明度也会引发冲突。那些能够营造透明环境，让成员能自由、安心地公开分享自身期望的家族，更有能力管理冲突。当家族成员为了顾全体面，或者因为难以直面潜在问题而假装一切都好的时候，最容易发生最具破坏性的冲突。一处伤口没有处理好，最终会化脓，随着怨恨滋生，缺乏

沟通的结果比公开对抗更具破坏性。家族内分享信息、解决争端或做出集体决策的渠道不完善，可能会助长误解和敌意。例如，不明智的传承决策以及权力分配不均会加剧紧张局势，尤其当下一代的部分成员感觉被排斥或不受重视时。这可能会引发对公平性问题的不满和冲突，以及在创业家族内部产生一种不公平感。

冲突的表现形式

创业家族内的冲突，小到细微分歧，大到全面争端，都可能产生很大影响。如果星系里的组织联系紧密，家族内的争端可能会扩散，影响星系组织之间的关系。同理，一个组织里的冲突也可能蔓延到其他组织，或者在家族系统里变得更严重。在企业里扮演不同角色的家族成员，对企业运营方式看法不同，在决策权、资源分配或者商业策略上就容易起冲突。兄弟姐妹间的竞争会让这些冲突更严重，要是责任分配不均或者觉得父母偏心，那就更糟了。在组织里争认可、争影响力、争控制权，会让环境充满敌意，家族关系也会受损。这种怨恨和嫉妒会让家族关系紧张，破坏家族整体和谐。

从个人角度看，没有解决的冲突会让关系变僵，带来情感困扰，破坏家族团结。个人和职业动态相互作用强烈，会营造出持续紧张的氛围，影响家族成员的整体幸福感和心理健康。怨恨、愤怒与失望的情绪会造成长久的情感创伤。这些冲突还会蔓延到家族集会中，使个人和职业领域难以分开，最终破坏家族团结必需的利他主义和信任。

创业家族常见的冲突根源还有：股息政策、股东退出机制、薪酬政策以及管理家族成员进出星系企业的机制等。根据我们的经验，代际冲突常见的原因之一是下一代想追求自己的事业，到星系外任职，脱离家族企业。虽然这种选择在职业生涯早期可能被鼓励，但上一代和主力一代成员如果认为这是对家族遗产的威胁，是对家族价值观和努力的否定时，就可能反对。这些冲突往往很情绪化。不过从星系角度看，可以看到下一代成员（以及所有家族成员）能有的更多机会。当家族成员认识到星系中有不同机会并选择自己的职业时，他们就能助力星系拓展，为创业家族发展出一份力。值得注意的是，在星系外组织任职的家族成员仍是创业家族这个星系核心的一部分，所以创业家族不应忽视通过外部关系、知识等资源能给星系做的间接贡献。

在星系组织层面，冲突会阻碍有效决策，导致组织瘫痪，影响创业家族的成长与成功。忠诚分裂、权力争斗与对战略方向缺乏共识，会破坏企业稳定和长期生存能力。冲突会扰乱信息流、破坏协作与协调，造成效率低下、错失机会。对员工和其他利益相关者产生的连锁反应，会影响组织文化、士气和生产力。比如星系里家族企业冲突严重，会形成恶劣的工作环境，致使优秀员工流失，损害企业声誉。

不过，如果把冲突当作促进决策和变革的契机来处理，创业家族里的冲突也能成为成长和转型的契机。家族直面冲突，能展开开放对话，明确角色与责任，培育相互尊重和理解的文化。这个过程需要改善沟通、增进信任，为家族与企业融合打好基础。建设性的冲突解决能让家族成员更深入理解彼此的观点和价值观，为创造性解决问题和创新开辟道路。

沟通的作用

开放的沟通渠道是解决冲突的关键。冲突在任何家族里都很正常，不过怎样处理冲突，却能影响家族是否能获得长期成功、和谐与团结。沟通对创业家族有效管理冲突发挥关键作用。比如，重视个人联系和共同价值观，就能把争吵变成讨论。非正式沟通渠道，比如打电话或者用微信交流互动对维护和增进关系很重要。但不同问题需要采用不同的沟通渠道和方式，这一般取决于家族文化。比如，创业家族不太可能在微信群里讨论投资决策。家族成员通常通过在线沟通渠道查看家族会议记录、星系组织参与者分享的文件，安排电子会议。也存在一些能帮助大型家族有效沟通的专门平台。

家族成员需要一个安全空间，自在地表达自己的担忧、想法和观点，而不必担心被评判或遭到报复。误解和不同期望常常不知不觉地积累起来，在创业家族内部引发潜在冲突。通过鼓励开放对话，冲突就能暴露出来并得到积极解决。这可以依靠定期的家族会议、一对一谈话或者建立正式沟通机制来实现。有效沟通需要积极倾听，家族成员得专注听发言者讲话，明晰意图，保证期望一致，并推动问题解决。通过积极倾听，个人能更深入理解对方的观点、经历和情绪。要解决家族内部的冲突，家族成员得学会共情和换位思考，审视自己的行为和决策的影响也很重要。家族成员一起讨论冲突，一起想可能的解决方案，评估可行性和影响，同时鼓励创新与合作，就能找到双方都能接受的方案。

创业家族的内部冲突往往很复杂，还经常带着情绪，解决起来不容易。调解人[4]能够引导讨论，保证各方的声音都被听到，协助寻找共同点。他们的中立视角有助于达成公平的解决方案，兼顾各方利益。通过始终保持透明沟通并信守承诺，家族成员能够建立信任，维持紧密联系。

在最近的一个研究项目里，我们研究了时间性在传承冲突里的作用。时间性指的是个体与过去、现在和未来建立的关系。主力一代和下一代倾向于创新，而非简单守成，上一代则倾向于延续既有传统并发扬光大。当世代之间无法理解彼此不同的时间取向时，就会引发冲突。我们收集的大量证据显示，调解人能通过"代际经纪"⊖的过程处理这种紧张关系。通过培养自我意识，深入反思与他人的时间紧张关系，促进关系和沟通方式的转变，支持代际传承，保障企业永续经营与家族和谐。从这个角度看，代际传承需要通过调解人协调不同世代的时间取向，在不同世代及其时间性认知之间建立辩证互动。

专业人士凭借专业的知识和工具，应对家族动态和企业运营的复杂性，帮助家族成员制定有效沟通策略，建立治理机制，实施冲

⊖ 代际经纪是一个新概念，它主要涉及不同世代在经济、社会和文化等领域的资源传递、角色互动和价值传承等活动及其所形成的一种特殊经济关系或社会经济现象。它包含几个要素：①资源传递与整合：代际经纪强调的是不同世代之间，如父母辈与子女辈、祖父母辈与孙辈等，通过各种方式进行经济资源的转移、共享和整合。这可能包括财产的继承、赠予、经济援助，以及不同世代之间在家庭企业或投资中的合作与传承等。②角色互动与协调：在家庭和社会经济活动中，不同世代扮演不同的角色，代际经纪关注这些角色之间的互动、合作与协调。例如，年轻一代可能具有更先进的科技知识和创新思维，而年长一代则拥有丰富的工作经验、社会关系和财富积累，代际经纪可以促进双方优势的结合，以实现共同的经济目标或解决经济问题。③价值传承与转化：代际经纪还涉及不同世代之间价值观、文化观念和生活方式的传承与转化，这些因素会影响经济决策和经济行为。比如，长辈的节俭、勤奋等价值观可能影响晚辈的消费和储蓄习惯，而晚辈的时尚、环保等观念也可能促使长辈调整投资方向或生活方式，从而对家庭和社会的经济活动产生影响。——译者注

突管理流程。建立正式家族治理架构，实施透明决策过程，能促进家族成员间的公平感、责任感和归属感，这对缓解冲突、鼓励开放沟通极具价值。

家族治理

　　家族治理是为了促进家族沟通、协调、控制和决策的一系列架构体系，基于共同价值观、目标和文化，包括集会机制、治理机构和管理框架。家族治理能让家族成员个人利益与集体利益相统一。构建家族治理体系，创业家族就能打造有效决策、解决冲突和长期繁荣的制度框架。它充当了一种手段，用于应对因家族动态与星系其他组织相互交织而产生的复杂情况。通过建立家族治理机制，创业家族可以积极处理关键问题，促进家族价值观、传统和财富的传承与守护。家族治理的核心支柱包括家族论坛、家族委员会和家族宪法（见图2-4）。

　　随着家族规模的扩大，正式家族治理的需求应运而生。以往家族治理结构多由第三代提议实施，如今随着早期世代家族系统日益繁杂，家族治理的规范化有利于探讨家族事务并探寻维系代际家族团结的方案。正式化家族治理涵盖三个要素：设立正式家族论坛、组建家族委员会以及制定家族宪法。然而，如果家族企图以自上而下的方式强行推行家族治理，那么往往会遭遇家族成员的抵制，致使参与度低下。与之相反，采用协作包容的方式，尊重家族成员的意见，能提升家族治理机构的成效。

	家族论坛	家族委员会	家族宪法
形式	会议/活动	顾问机构	文件
参与者	所有家族成员	家族代表（5~10名成员）	由所有家族成员签署
构建方式	邀请所有家族成员参加（需决定是否包括姻亲和18岁以下成员）	如果家族较小，则由所有家族成员参与。当家族壮大时，可以由活跃的家族成员自发组成小组，也可以由家族论坛选举产生（后者更能体现合法性和代表性）	由部分家族成员（如果家族委员会已经存在，可由其负责）起草，然后与整个家族共同构建。家族成员最终需要达成共识（共同协议）
运作方式	家族每年集会一两次，分享各自的最新情况，探讨家族的价值观和目标	在早期需密集地开展工作，以确定家族的目标、使命和关键政策。它分为核心团队和专项事务委员会。在后期，通常每月、每两个月或每季度开一次会	明确阐述家族的核心价值观和目标，解释家族身份的核心要素。内容可以详细或简略，例如包括下一代成员的准入政策。作为一份工作文件，它将随着时间的推移不断扩展和修订，以符合家族意愿
创建的主要目标	包容性、透明度、建立信任、增强家族凝聚力	透明度、提升决策效率	透明度、增强家族凝聚力

图 2-4 家族治理结构

为什么家族治理要专业化

家族治理有助于提升透明度、强化问责制、增进信任、促进包容、巩固团结与传承。家族治理能使家族成员在星系的管控与战略导向方面拥有话语权，保障决策经集体商议而定。通过纳入守护家族传统、慈善活动及社会责任事务的机制，家族治理可培育家族的持续繁荣，助力家族塑造整体声誉。家族治理通过处置传承、透明度及冲突化解等关键问题，确保创业家族于代际过渡间保持韧性、适应性与成功。诸如家族委员会、定期家族会议等正式架构与流程，可推动信息共享与开放交流。以下将深入探究家族治理的三个组成部分：家族论坛、家族委员会与家族宪法。

家族论坛

构建家族治理体系的第一步，在于明确家族集会的参与人员，即界定家族范畴，并设立家族论坛。明晰构成广义家族的相互关联的"家族分支"，确定"创业家族的成员范围"至关重要。决策内容可能涉及是否涵盖某位祖先的全体后代，或仅限于特定家族分支；是否将姻亲与伴侣纳入其中；是否为下一代成员设定年龄门槛。家族论坛理应倡导开放包容，但部分家族出于保密与隐私考量，会制定限制性准入规则以约束参与范围。每个家族都要在这些因素间寻求平衡，从而确定最能激发家族成员归属感的构成形式。

家族集会的时长可以是一天、一个周末或更长时间，此举能够强化亲情纽带与信任，通过培育团结意识凝聚家族成员，并使关乎世代传承的核心价值观协调一致。家族集会是专注于家族关系构建的契机，尤其对于那些因公务繁忙而无暇他顾的家族成员而言意义非凡。家族集会的内容取决于负责家族治理事务的家族成员所确定的事务优先级。

家族集会有助于促进沟通与理解，其形式可以包含与家族传统相关的休闲活动，它也可用以探讨和商业相关的具体事务。一些创业家族借此商讨家族事宜、庆贺里程碑事件与往昔成就、留存家族历史，通过阐释家族独特的价值观与特质来构建归属感与身份认同。在某些情形下，家族集会用于向家族成员传授所有权责任等知识，向他们通报家族董事或高级管理人员在企业或者星系的其他组织中做出的战略决策，并就家族推动的慈善活动分享进展、收集反馈。

家族集会中一项极为有益的活动是重构家庭星系时间线。此类练习可始于绘制系谱图（详见行动框2A），继而通过梳理家族与星系各组织间的交织关系如何演变为当下形态来构建时间线。重构家族星系时间线是一项跨代际活动，上一代成员借此讲述亲身经历或源自先辈口述的过往经历，主力一代成员可通过理解家族发展历程来重塑对自身现状的认知，下一代成员则能知晓家族根基以及塑造家族传承的关键事件。重构家族星系时间线也是跨代际的活动：通过跨代分享感悟与故事，创业家族得以强化其身份认同并传承家族遗产。在实际操作中，可由上一代成员自星系首家企业创立之年起回溯至今，分享关键事件，以及回顾个人亲身经历或听闻。与调解人的单独访谈也有助于推动时间线的构建，但关键在于，时间线的构建应作为家族集体活动来开展，以激发家族成员对家族过往的深入探讨。通常，家族成员对关键事件的认知存在差异。在公正且安全的环境中，家族成员直面并探讨事实的不同版本与观点，通过整合信息碎片来达成对家族过往的共识。为了让创业家族及其星系面向未来，家族可考虑通过设想未来十年预期发生的重大事件来续写时间线。

如果家族规模较小，且家族集会参与成员数量有限，家族论坛也可以成为决策场所。随着家族规模不断扩大，在家族论坛中进行决策会变得极为复杂，每年仅能举办一两次集会的状况也会制约星系发展。在这种情形下，家族需完善其治理体系，遴选少量致力于引领与统筹家族事务的家族成员来组建"董事会"，即家族委员会。在某些情形中，家族委员会设立家族论坛，将其作为促进整个创业家族团结协作与沟通交流的举措之一。

家族委员会

家族委员会作为家族治理顾问机构，其成员由选举或任命产生，主要职责在于处理政策、委员会、协议以及章程等事务，以此保障家族的良好发展与有效运作。家族委员会的设立在星系发展进程中属于关键环节。在积极的对话过程中，家族委员会能够促进不同观点的交流，这一方面有助于强化家族的团结氛围，另一方面也可能致使潜在的冲突逐渐显现。家族委员会的一项基本职能是充当家族成员与星系内各组织之间的意见交流平台，这些组织涵盖家族企业、家族办公室或家族基金会等。通过构建有效的沟通渠道，家族委员会为家族成员提供表达自身想法、忧虑以及期望的平台，同时也为他们创造更多机会，以深入了解家族企业，以及成为有担当的家族所有者。此类开放对话旨在使家族利益与企业利益相契合，确保决策能够体现家族的整体目标、价值观以及愿景。

家族委员会承担着规划与引领家族及星系内各组织未来走向的重任。通过促使创业家族清晰界定自身的目标与使命，家族委员会的组建犹如确立了一个指引方向的指南针，助力家族明确自身目标，并为决策制定与资源分配提供方向。明确目标与使命有助于家族优先考虑长期目标，如企业传承、财富保值、慈善事业以及社会影响。家族委员会是家族团结以及家族传承的重要根基。无论在星系组织内部还是外部，其在助力下一代成员为承担领导角色与职业发展做好准备方面均可发挥关键作用，这对于保障创业家族世代昌盛极为关键。为此，家族委员会通常会制订培训与指导计划，以便为家族成员尤其是下一代成员提供在其选定职业领域中获取成功并为创业家族有效贡献力量所需的技能、知识与能力（第 7 章将对此主题展开更为深入的探讨）。通过提供体验式学习机会以及使家族成员接触家族活动的不同层面，家族委员会能够为下一代成员培育主人翁意识、自豪感以及责任感。这种对人力资本的投入有助于家族传承，并确保领导权与决策责任的平稳过渡。

家族委员会的另一项重要职能是守护家族遗产。这不仅涉及房地产或金融资产的管理，还囊括家族非金融资产的保护，例如家族传统、价值观以及文化遗产等。家族委员会负责监督与家族资源（比如度假屋、艺术收藏、土地以及其他有形与无形资产）相关的协调、控制与决策流程，以维护家族财富与家族身份，并促使其能够顺畅地在世代之间传承。

针对家族资产以及下一代成员相关事宜做出决策往往颇具挑战。设立家族委员会时，不同家族成员的观点碰撞可能引发冲突。在那些未习惯设立专门讨论空间的家族中，家族委员会成立初期这种情况尤为突出。多年来被隐匿或因缺乏交流机会而被压抑的潜在家族冲突可能会升级并再度浮现，进而引发激烈的对抗。然而，冲突的加剧不应被视作家族委员会运转出了问题。相反，家族理应欣然接受冲突得以暴露这一事实，从而为开展开放对话创造条件，并探寻有可能恢复和谐、巩固家族团结的解决方案。

通过倡导开放对话、积极倾听以及共情，家族委员会引领创业家族遵循家族价值观与共同理念，促进家族成员间的理解与合作，进而降低冲突对家族关系以及企业发展的潜在干扰。冲突的化解以及健康关系的构建可能需要中立且公正的调解人介入。家族委员会所推动的有效冲突解决策略有助于创业家族的整体稳定与成功。

行动框2B：建立家族委员会

🎯 目标

家族委员会的早期构建阶段，需积极开展行动，以明确创业家族的目标与使命。尽管初始行动可能耗费时间，但家族委员会通常每季度或每年举行两次会议，用以探讨重要事务。以下是创业家族在构建家族委员会时需解决的部分关键问题。

流程

一、哪些成员参与

确定家族委员会的参与人员，是家族首要且关键的决策。家族委员会的规模与构成，将取决于家族的偏好、特性及需求。其成员数量可从寥寥数位至十余人不等，成员代表从不同家族分支或世代中遴选。某些情形下，代表由家族论坛直接选举产生；而在其他一些情况下，家族内的不同群体，如下一代成员，可能自行选举代表进入委员会。选拔过程旨在确保成员的包容性、代表性与多样性，使多元的观点与声音得以表达。在做此决策时，需考量以下方面：

- 成员数量应为多少？

- 成员的选择方式是什么？（例如家族分支的代表性、股份持有数量、世代的代表性、是否纳入兄弟姐妹等因素。）
- 委员会成员任期多久？（例如每个任期为三年、五年或七年；同一代表可连任次数的限定等。）
- 成员的产生途径是什么？（例如选举、推选、自我任命等。）

二、资金来源与报酬

家族委员会的资金来源如何确定？谁来负担家族委员会会议及家族论坛活动的费用？一些家族从家族企业或家族办公室拨款，另一些家族可能要求成员个人出资。还有一个决策要点是是否给予家族委员会成员报酬。通常而言，这是个无薪职位，但有些家族会象征性地奖励委员会成员，以认可他们为履行委员会职能所投入的时间与精力。不过，被选入家族委员会本身就是一种内在的荣誉，体现了其他家族成员对其代表家族的信任与信心，相信他们能为家族当下与未来的福祉进行决策。在做此决策时，需考虑：

- 谁为家族委员会提供资金支持？
- 家族委员会开展各项举措所需的资金规模是多少？
- 是否给予家族委员会成员报酬？如果给予，依据是什么？报酬金额是多少？

三、会议安排

家族委员会会议的时间与形式如何确定？家族委员会会议形式多样，可采用面对面会议（用于正式会议或集体静修）、虚拟会议（比如借助腾讯会议或者钉钉等平台，如果家族有专属沟通技术平台，则可通过该平台安排会议）。会议形式的选择应基于家族的偏好、可行性以及讨论事项的性质。提前拟定议程、确保会议期间关键问题得到探讨，并准备会议记录以供下次会议审核批准，以此保障对家族论坛的责任落实与信息透明，这是极为重要的。在做此决策时，需考虑：

- 会议采用线下还是线上形式？如果是线下，地点在哪？如果是线上，使用什么平台？
- 议程涵盖哪些内容？由谁负责制定议程？
- 谁来负责会议记录？是引入非家族成员协助记录，还是在家族内部安排人员记录？

四、决策机制

家族委员会如何进行决策？为确保有效运转，家族委员会需确立制定决策的政策与程序，以及应对决策僵局这一最坏情形的策略。

- 决策流程是怎样的？（例如全体一致同意、多数同意、多数加一同意等。）
- 如果出现决策僵局，如何处理？（例如召集家族论坛投票。）
- 家族委员会如何处理利益冲突？
- 如何确保家族委员会做出的决策得以切实执行？

五、角色设定与任职

家族委员会中的角色如何界定，由谁担任？为进一步完善家族委员会的架构，可任命或选举一名主席。主席负责主持会议、推动讨论、保障成员间的有效沟通、助力决策制定并在家族委员会职责范围内推动实施。还有一个需明确的角色是家族委员会秘书，负责处理行政事务并留存与委员会活动相关的记录。主席与秘书均需确保会议记录的准确性，包括撰写会议纪要、整理议程和保存出席记录。主席与秘书角色可以是常设职位，也可由家族委员会成员临时担任。

- 主席的选举方式是什么？其职责是什么？
- 秘书的选举方式是什么？其职责是什么？
- 主席/秘书的任期应为多久？

六、家族委员会的职能与构成

家族委员会的具体职能是什么？家族委员会成立后，会针对特定任务和讨论组建专项事务委员会，例如筹备家族论坛活动、组织静修与仪式、培育下一代、扶持创业项目、提升家族社会影响力及推动慈善事业等。家族委员会确定工作重点，任命一名代表担任委员会主席，随后招募对相关主题感兴趣的其他家族成员组建专项事务委员会（通常由5~8名成员构成）。各专项事务委员会负责执行从家族委员会承接的任务，定期向家族委员会汇报工作进展，并在家族论坛上展示其活动成果。除构建家族论坛、家族委员会及相关委员会等治理架构外，家族治理还可能涉及将家族的原则、价值观、行为准则及规则以书面文件形式正式确定，即家族宪法（详见下一节）。这有助于提升透明度、强化责任意识与确保公平，为决策制定与冲突解决提供指引。

- 家族委员会需设立哪些专项事务委员会？
- 各委员会由哪些成员组成，成员数量是多少？
- 各委员会如何向家族委员会汇报工作？

家族宪法

家族宪法，又称家族宪章，是创业家族迈向透明化与协作化的关键一步。通过明确家族的共同价值观、愿景以及原则，家族宪法为家族和家族星系中的组织确立使命感与方向感。家族宪法是家族成员自愿缔结的道德契约，而不是法律文件，这源于他们对彼此以及对家族未来的关切。家族宪法为创业家族与星系内各组织间的关系确立了清晰且共享的准则与规范，旨在实现世代繁荣。尽管家族宪法本身一般并非法律文件，但其能够成为法律协议（例如股东协议）的根基（详见第4章）。

制定家族宪法的过程充满变革，需要家族成员共同参与一个协作且反复迭代的进程。首先，家族需组建一个工作小组或者家族成员代表团队，如果家族委员会已存在，则可由其负责起草家族宪法。该小组将展开深入讨论，处理家族价值观、治理架构、沟通机制、传承规划、冲突解决方案、星系中组织的专业化建设、家族财富及资产配置等诸多方面的事务。这有助于家族重塑过往的共同愿景，并聚焦于未来的目标。这些讨论或许会使潜在冲突以及过往创伤显现出来，此时便需要顾问[5]或者调解人的协助，以推动治愈与和解。实际上，调解人能够在促进讨论以及将家族共识转化为条理清晰的文件方面发挥极为宝贵的作用。然而，他们无法替代家族自身完成这项工作。制定家族宪法的过程必须由家族全体成员共同主导，如此方能确保家族宪法的适用性与实效性，否则，所谓的家族宪法就仅仅是一种形式上的例行公事。

家族宪法的内容与详尽程度会因家族的偏好与需求不同而存在显著差异。一些家族将家族宪法视作纲领性文件，侧重于宏观原则与价值观。而另一些家族的家族宪法则会涉及具体问题，例如保障下一代成员的公平待遇、家族公开形象代表的准则、慈善活动以及冲突解决流程等。关于家族宪法结构与内容的示例，可参照图 2-5。

很多文献将"家族宪法"与"家族协议"视为同义词，但我们认为这两者的意思还是不同的。家族宪法犹如家族的大宪章，是家族身份、价值观与目标的参照依据，例如这样的条款："星系组织的领导职责属于家族；家族成员参与星系事务对其繁荣至关重要。"家族协议则是将这些价值观转化为引导家族成员在重要事务上行为的流程与实践，例如这样的条款："如果要加入星系中的特定组织，家族成员需在相关行业活跃的外部组织中拥有至少三年的经验。"总之，家族宪法设定了规则与原则，而家族协议则详细阐述了家族如何依据标准与程序践行这些规则与原则。

一份结构合理的家族宪法首先要界定创业家族的范畴，涵盖在创业家族星系中拥有权益的后代及其配偶、姻亲。它阐明宪法作为跨代指引，将家族治理与星系组织的治理区隔开来。这种区隔对于规避利益冲突以及保持决策的清晰度至关重要。不过，因其规定了家族的核心价值观、目标以及未来愿景，家族宪法的内容往往会对星系组织的运作模式产生影响。

家族宪法应当是一份与时俱进的文件，随着时间的推移进行修订、扩充与整合，以反映家族不断演进的价值观与期望。它作为家族集体智慧的宝库，在确保连续性的同时，允许适度的调适与创新。精心制定的家族宪法能够构建成员对家族价值观的共识，保障一致性并降低误解。家族宪法为决策提供了框架，助力实现高效且公正的家族治理，有助于留存家族历史记忆，便于后代理解前几代成功或失败的缘由。家族宪法还有助于解决冲突，为处理家族内部争端提供指引与流程。如果缺乏这份文件，家族成员的行为可能依据个人而非集体原则，而家族宪法的存在能够使偏离行为一目了然。由此，家族宪法对那些倾向于违背家族所确立的原则、准则与规范的成员形成了一种道德约束。总体而言，家族宪法确保了行为背后动机的透明性。为使家族宪法真正发挥作用，全体家族成员必须认同并签署，有些家族要求成员在成年之际正式签署。

家族宪法的核心要素涵盖以下方面。
一、家族目标与共同价值观阐述
需清晰表述家族宗旨（即家族存在的缘由）以及共同价值观（凝聚家族成员的力量）。
有关家族宗旨和共同价值观的示例：
阿尔法家族坚信：
- 身为阿尔法家族成员，我们秉持这样的信念，即我们的使命在于确保家族内部的和睦友善，同时为子孙后代的福祉守护家族企业。
- 我们务必齐心协力朝着相同目标奋进（阐释目标内涵），以此保障家族的未来。
- 个人、家族与商业利益必须保持平衡。
- 家族名誉是珍贵资产。
- 我们期望确保企业永续经营。
- 家族成员应始终相互尊重且诚信相待。
- 家族宪法的原则与价值观适用于全体家族成员，包括新成员。
- 每位家族成员均需签署，以彰显其在这方面的承诺。

二、家族治理结构与运作说明
对家族治理结构和运作方式进行阐释，例如家族委员会代表由家族论坛成员选举产生、家族委员会成员任期、家族委员会的决策方式、家族论坛的组成部分。
家族委员会代表选举与家族委员会决策的投票机制示例：
- 家族委员会代表选举机制。每5年，家族论坛选举5名代表进入家族委员会。每位年满18岁的家族成员享有一票投票权。得票最多的5名家族成员成为家族委员会的代表。

图2-5　家族宪法的结构与内容示例

- 家族委员会决策机制。家族委员会一致决策。在重要问题上出现僵局时，将问题提交给家族论坛启动表决程序。在家族论坛中，投票根据特定规则进行。在首轮表决中，如果获得50%出席合格选民加一票的支持，即可做出决定，法定人数需达到出席合格选民的50%。如果未达成共识，则启动第二轮表决，如果获得60%出席合格选民加一票的支持，即可做出决定，无法定人数要求。根据待决定事项的性质，家族论坛允许14~18岁的年轻人参与，给予他们表达意见和参与讨论的权利。

三、界定家族与家族星系中其他组织的衔接机制

通过制定政策，明确家族的治理机构（如家族论坛和家族委员会）与家族星系中其他组织之间可能的衔接机制所遵循的规则或原则。

四、家族宪法修订与扩展相关解释

需明确家族宪法进行修订和扩展的方式和频率，同时确定负责此项工作的主体。

五、家族成员进出星系组织机制

例如，在加入家族的任何企业或其他组织之前，家族成员需满足：

- 拥有硕士学位。
- 具备至少3年相关工作经验。
- 能够熟练使用2种语言。
- 展现出对家族企业的承诺与兴趣。

其他条件还包括：

- 家族成员申请的职位必须是公开招聘的，候选人需以与非家族成员相同的方式参与选拔过程。
- 家族对招聘过程不施加影响。
- 求职候选人必须通过由外部顾问负责的心理测试，以确保其适合该职位并为所申请的角色做好充分准备。晋升至更高职业层级时也遵循此要求。
- 家族成员的薪酬依据市场基准确定。

此外，家族宪法可进一步拓展为家族协议，其中详细规定了具体的指导方针。

例如：

- 姻亲在家族星系中的角色。
- 家族的公众形象塑造。
- 股权处置：股份出售、股息分配。
- 受托人任命机制。
- 传承规划。
- 下一代教育。
- 慈善事业以及影响力投资。

图2-5 家族宪法的结构与内容示例（续）

在下一章中，我们将把注意力从家族转向星系中的家族企业，研究它们面临的问题和挑战，并将我们的研究重心从家族治理转向企业治理的关键方面，以及家族企业的管理挑战。

| 本章要点 |

1. 创业家族由在岁月长河中逐步衍生出的一系列家族构成，明确其范围边界、深入了解家族成员状况并知晓家族的历史渊源与起源脉络极为关键。
2. 社会中的世代可划分为沉默一代、婴儿潮一代、X世代、Y世代（即千禧一代）、Z世代以及阿尔法世代。认真考量家族成员在上一代、主力一代以及下一代中所处的位置，并深入探究他们的特征如何对代内关系与代际关系产生影响，具有至关重要的意义。
3. 冲突在创业家族中天然存在，通常有四种不同类型，分别是关系冲突、传承冲突、过程冲突以及认知冲突。
4. 家族治理能随时间推移有效管控冲突并维护家族和谐稳定。可通过构建家族论坛、家族委员会以及家族宪法逐步完善家族治理。
5. 构建家族委员会需要诸多努力，以精准界定创业家族的目标宗旨与使命愿景，创业家族在设立家族委员会之际，需要妥善解决一系列关键问题。
6. 制定家族宪法的过程务必要求家族全体成员积极参与，以确保家族宪法的关联性与有效性，否则家族宪法将沦为一种形式上的盖章文件，毫无实际意义与价值。

值得反思的关键问题

1. 你的创业家族涵盖的范围怎样界定？具体成员都有谁？
2. 各个世代（沉默一代、婴儿潮一代、X世代、Y世代/千禧一代、Z世代、阿尔法世代）所具有的不同特征，对你的创业家族内部的动态变化产生了何种影响？
3. 你的创业家族产生冲突的主要根源在何处？
4. 你的家族论坛怎样对家族关系起促进作用？
5. 如果你的家族已设立家族委员会，它如何为你的创业家族的有效决策提供支持？其关键职能是什么？
6. 如果你的家庭尚未设立家族委员会，家族当前处理这类事务所依托的平台是什么？当下决策又是怎样形成的？创建家族委员会是否有利于推动决策进程？
7. 你的创业家族是否拥有家族宪法？它能否为创业家族及其星系的治理以及冲突解决构建共同的框架体系？如果没有，你是否察觉到制定家族宪法的必要性及其所能带来的益处？
8. 你的创业家族怎样在正式治理结构与非正式家族关系之间达成平衡，以此维系和谐稳定的星系环境？

延伸阅读

Bettinelli, C., Mismetti, M., De Massis, A. and Del Bosco, B. (2022) A review of conflict and cohesion in social relationships in family firms. *Entrepreneurship Theory and Practice, 46*(3), 539–77.

De Massis, A. (2012) Family involvement and procedural justice climate among non-family managers: The effects of affect, social identities, trust and risk of non-reciprocity. *Entrepreneurship Theory & Practice, 36*(6), 1227–34.

Filser, M., De Massis, A., Gast, J., Kraus, S. and Niemand, T. (2018) Tracing the roots of innovativeness in family SMEs: The effect of family functionality and socioemotional wealth. *Journal of Product Innovation Management, 35*(4), 609–28.

Garcia, P.R.J., Sharma, P., De Massis, A., Wright, M. and Scholes, L. (2019) Perceived parental behaviors and next generation engagement in family firms: A social cognitive perspective. *Entrepreneurship Theory & Practice, 43*(2), 224–43.

Magrelli, V., Rondi, E., De Massis, A. and Kotlar, J. (2022) Generational brokerage: An intersubjective perspective on managing temporal orientations in family firm succession. *Strategic Organization, 20*(1), 164–99.

Magrelli, V., Rovelli, P., Benedetti, C., Überbacher, R. and De Massis, A. (2022) Generations in family business: A multifield review and future research agenda. *Family Business Review, 35*(1), 15–44.

Mismetti, M., Rondi, E. and Bettinelli, C. (2022) Family business system dynamics in the aftermath of in-law entry: A reflection on emotions and strategic change. *Long Range Planning, 56*(4), 102250.

Pinelli, M., Debellis, F. and De Massis, A. (2024) Long-term orientation, family-intensive governance arrangements, and firm performance: An institutional economics perspective. *Small Business Economics*, in press.

Rondi, E., De Massis, A. and Kotlar, J. (2019) Unlocking innovation potential: A typology of family business innovation postures and the critical role of the family system. *Journal of Family Business Strategy*, *10*(4), 100236.

注　释

1. 正如我们会在下一章所探讨的那样，家族利他主义在商业情境中也可能引发对家族成员与非家族成员的不公平对待。
2. G1、G2、G3是家族世代的简略表述形式，其中G表示世代，数字则体现家族系谱图中的出生次序，举例而言，G1是第一代，G2是第二代，G3则为第三代。
3. 尽管我们认可家族概念并非局限于生物血缘关系，毕竟人们有可能将亲密友人或自己选定的伙伴视作家族的组成部分，进而形成所谓的"选择的家族"或者"自选家族"，但本书着重聚焦于家族的多种生物性形式，也就是由爱、承诺以及共同经历相互联结而成的一群人。
4. 调解人是中立且公正无私的第三方，其职责在于推动冲突各方的沟通与谈判进程，助力他们达成彼此均可接受的解决方案。调解人接受过冲突解决技术方面的专业培训，以促进者的身份增进各方理解、推动对话开展并协助探寻共同之处。他们并非强行做出决策，而是引导各方深入探究自身利益诉求、确定可行的解决方案并就解决根本问题达成共识。调解人有益于营造协作与相互尊重的良好环境，确保各方均拥有表达自身观点的机会，并朝着互利共赢的结果努力奋进。
5. 顾问是为个人或团体给予指导、提供专业知识以及支持的人，目标是助力他们做出明智决策或者化解问题。顾问通常在特定的领域或主题方面知识储备丰富，实践经验充足，能够提供深刻见解与合理建议，协助他人妥善应对复杂状况或者达成预期的目标成果。他们可能会提供咨询意见、分享相关信息、提出合理建议并协助权衡各种可选方案，目的都是辅助个人或团体。

第 3 章

管理家族企业并理解其独特行为

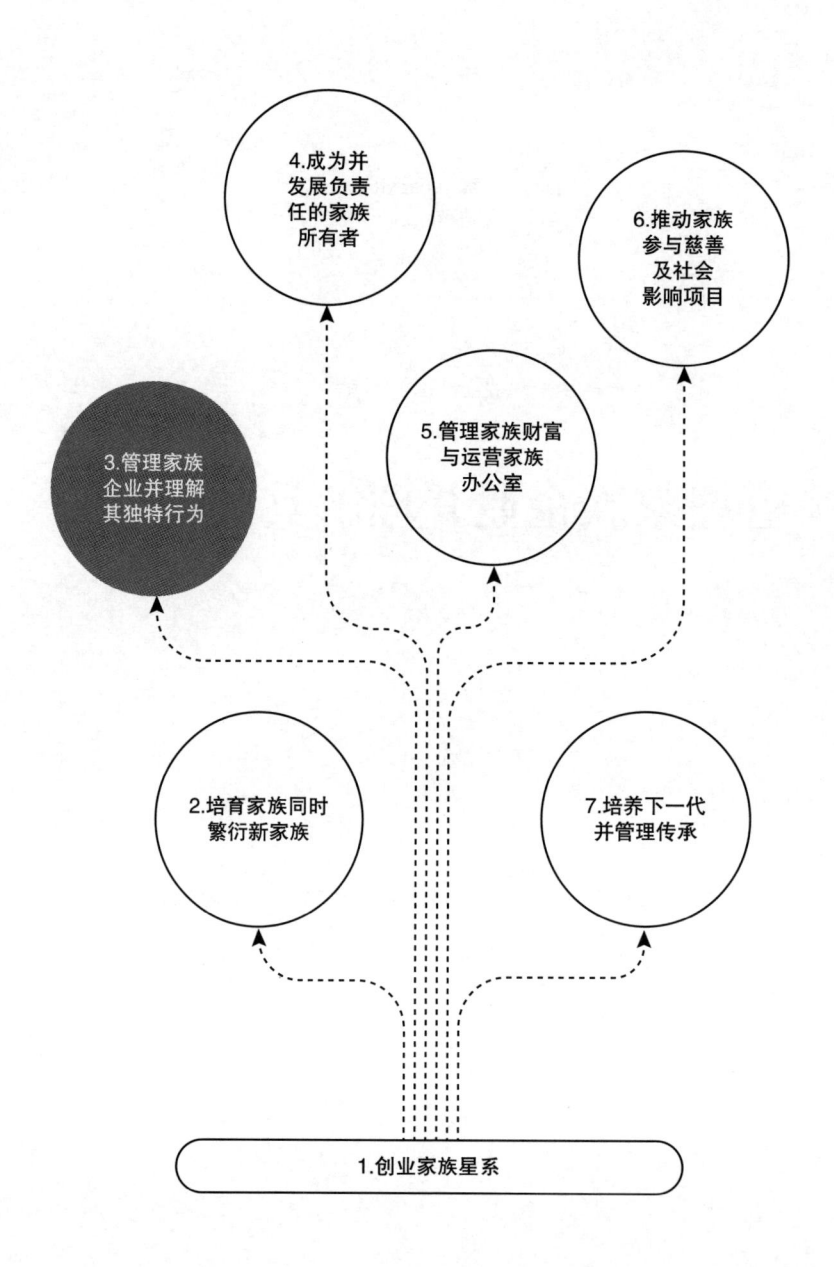

```
                    ┌─────────┐
                    │ 4.成为并 │
                    │ 发展负责 │
                    │ 任的家族 │        ┌─────────┐
                    │ 所有者  │        │ 6.推动家族│
                    └─────────┘        │ 参与慈善 │
                                       │ 及社会  │
                                       │ 影响项目 │
                                       └─────────┘
      ┌─────────┐        ┌─────────┐
      │3.管理家族│        │5.管理家族财富│
      │企业并理解│        │与运营家族  │
      │其独特行为│        │办公室    │
      └─────────┘        └─────────┘

      ┌─────────┐        ┌─────────┐
      │2.培育家族同时│     │7.培养下一代│
      │繁衍新家族  │      │并管理传承 │
      └─────────┘        └─────────┘

              ┌──────────────────────┐
              │   1.创业家族星系      │
              └──────────────────────┘
```

在家族影响力的丰富脉络中，众多错综复杂的线索相互交织，深刻影响了在创业家族星系里运营的家族企业的战略、运营模式以及持久的成功。本章将全方位深入探究家族企业的多元特性，细致剖析其行为倾向、战略驱动因素、管理实践以及最终所呈现的成果与绩效之间复杂的相互作用。

本章首先要揭示将家族星系各要素凝聚为一体的两种向心力：创业家族的意愿与能力，并剖析它们对家族企业的目标、治理以及资源所产生的影响，进而催生出家族企业的独特行为模式。紧接着，我们会深度钻研家族企业的管理实践，涵盖专业化进程、创新管理以及重组举措。我们将审视家族企业专业化这一变革性历程，着重强调培育管理人才的紧迫性，探寻不同的实现路径并精心规划顺畅的领导权交接过渡。随后，我们聚焦家族企业的创新管理，其中历史传承的战略叙事成为构筑竞争优势以及促进与利益相关者关系的有力工具，旨在以战略眼光充分利用传统力量推动创新发展。

随着本章内容的深入，我们将讨论家族企业重组的关键环节，通过收购与剥离等资本运作、精心构建财务责任与战略调整的框架体系，包括将家族企业或部分资产出售给其他家族成员、管理者、员工或投资者等。在本章，我们展现了家族企业中创新与传统之间的精妙关系，以及家族企业治理与重组之间的精细互动，彰显家族企业动态变化的微妙特质。

家族参与如何影响企业行为和成果

在前几章的内容中，我们已对创业家族星系的架构以及创业家族的主要特征展开了讨论。然而，若要成为"创业家族"，必然要涉足某种商业活动，而家族企业是创业家族参与的主要商业形态。在家族企业里，主导决策联盟（简称：主导联盟）由家族成员构成，他们能够左右战略决策的走向，从而使家族塑造企业的行为模式。我们和其他专家的研究成果表明，只有家族既具备塑造企业行为的意愿，又拥有能力时，家族企业的行为才会有别于非家族企业。正如第1章所提及的，意愿与能力属于促进家族凝聚力的向心力，将家族星系的各要素紧密团结在一起。

具体在家族企业的语境下，意愿是指家族世代传承下来的参与独特企业行为的积极倾向，而能力则是家族调配、增加和运用企业资源的自主裁量权。当家族受追求特殊目标的意愿所驱使，并具备采用特定治理结构以及积累与使用独特资源的能力时，家族企业便会展现出独特的行为特征。换言之，创业家族的意愿与能力是影响企业行为的三大战略驱动因素（即家族企业的目标、治理与资源）所呈现出的两种行为倾向。这些战略驱动因素相互协同，共同影响家族企业的管理方式，塑造出独特的商业行为与成果，具体情形如图3-1所示。

当然，基于期望或学习机制会存在反馈循环，依据成果的不同，可能致使家族参与程度、行为倾向以及战略驱动因素发生相应变化。在后续章节，我们将深入探究创业家族的意愿与能力对家族企业各个战略驱动因素所产生的影响。

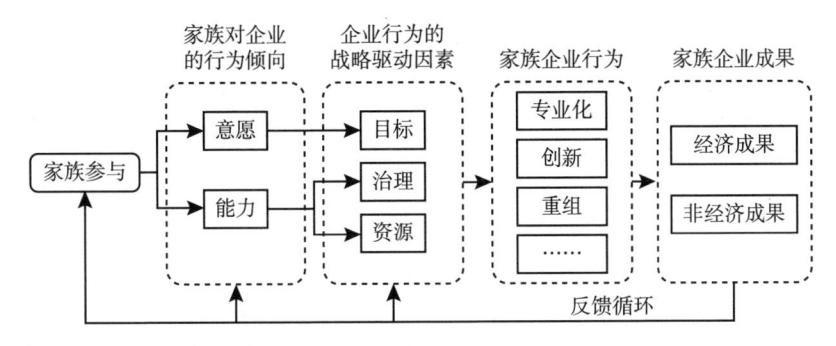

图 3-1 家族参与如何影响家族企业行为与成果

目标

在家族企业中，目标有着独特的重要意义。目标的驱动因素不仅包括财务上的成功，还包括传承与延续的意识。尽管目标对所有企业都很重要，但家族企业有着非家族企业所不具备的目标。比如，虽然所有企业都希望盈利，但家族企业会优先考虑保护企业传承、促进家族成员间的和谐关系，确保顺利交接。事实上，跨代福祉和社会情感财富是家族企业的显著特点。

家族企业所追求的多元目标可从两个维度进行分类：家族导向与非家族导向、经济性与非经济性。[1] 这两个维度相互组合，形成了各种各样的目标（见图 3-2），而这些目标的优先级在不同家族企业、家族企业中的个人和群体以及不同时期都可能存在差异。主导联盟成员的个人目标应在目标设定过程中进行协商和排序，以确定家族企业的组织目标。在此过程中，在商业效率与家族和谐之间达成微妙平衡至关重要，因为个人因素会对决策和长期成功产生深远影响。

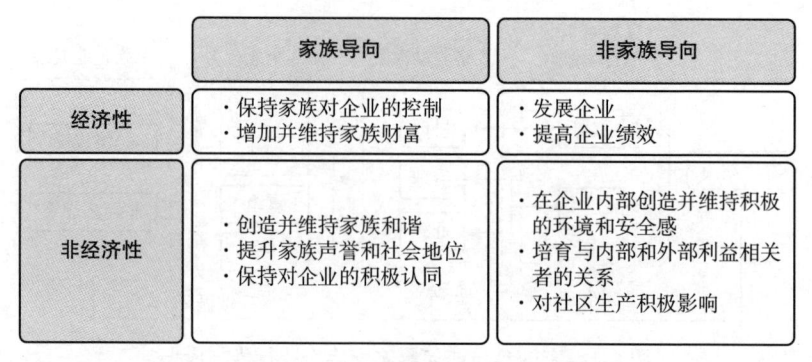

	家族导向	非家族导向
经济性	·保持家族对企业的控制 ·增加并维持家族财富	·发展企业 ·提高企业绩效
非经济性	·创造并维持家族和谐 ·提升家族声誉和社会地位 ·保持对企业的积极认同	·在企业内部创造并维持积极的环境和安全感 ·培育与内部和外部利益相关者的关系 ·对社区生产积极影响

图 3-2　家族企业的目标

通过使家族导向目标与企业导向目标相协调，家族企业能够实现长期繁荣，让家族世代团结兴旺。家族企业组织成员的个人行动朝着实现家族导向目标靠拢，这被称作集体承诺，它体现了家族企业成员对家族的忠诚度，以及在实现家族目标的愿望方面所共有的心理状态。

家族的意愿作为一种行为倾向会塑造家族企业的目标，进而对企业行为产生影响。虽然研究明确指出，大多数家族都存在以家族为导向的非经济性目标，但也有些家族可能不太愿意追求这类目标，比如这些家族对企业缺乏认同感，此时家族企业的行为就会和非家族企业类似。另外，大多数追求以家族为导向的非经济性目标的家族，通常会采取行动来保护其社会情感财富。

有时，目标之间需要进行权衡，因为追求一个目标可能会损害实现另一个目标。随着家族成员数量增多，目标设定过程的复杂程度也会提高，不同家族成员的个人目标差异较大时尤其如此。例如，我们的研究发现，在重要且动荡的时期，比如与代际交接相关的时期，家族企业中的个人会提出更多样化的目标[2]，而这种情况最终会成为推动组织变革的催化剂。

为了实现既定目标，家族企业需要构建自身的权力结构，也就是建立治理机制。创业家族所追求的目标也会受到家族星系架构的影响，要了解创业家族如何在家族企业中确定其目标，就需要从星系视角出发，观察这些目标在家族星系各个组织中的分布情况。比如，创业家族可能会通过家族企业来追求维护家族声誉这一目标，但如果家族星系中有家族基金会，在某些时候，创业家族可能会将这一目标定位到基金会，而在家族企业中淡化维护家族声誉的目标。

行动框3A：你的家族企业目标是什么

目标

本次练习旨在推动家族企业实现高效的目标设定，激励家族成员相互协作并达成共识，从而助力企业向前发展。

参与者

参与主导联盟的家族成员。

主持人

我们建议由非家族成员来担当主持人一职，不过部分创业家族或许更倾向于让家族成员承担此角色。

时长

两个半天（共计为 6~8 小时）。

所需材料

白板或活动挂图、马克笔、便利贴或索引卡。

流程

第一天

第一步——导入环节（20 分钟）：将所有参与企业事务的家族成员召集到舒适的会议场所，先阐释家族企业中各类目标的内涵，以及目标设定对于家族企业取得成功的关键意义。需要强调的是，这个练习意在构建共同愿景，促进家族成员间的协同合作，因此需要在练习过程中保持开放沟通与积极参与的态度。

第二步——共启愿景（1 小时）：开启关于家族企业使命和愿景的探讨。运用行动框 1 的成果，明晰家族企业将如何为创业家族星系的发展贡献力量，以及追求以家族为导向的目标。组织一场头脑风暴会议，让家族成员分享各自对于企业愿景的构想，并将愿景记录于白板之上。鼓励参与者探寻共同主题，并确定能够引发全体共鸣的核心愿景。一旦确定共同愿景，便对其加以完善与明晰，以确保全体成员达成一致。

第三步——设定具体目标（1.5 小时）：基于共同愿景，家族成员应设定具体目标，而且要求目标符合 SMART 原则（具体、可衡量、可达成、具相关性且有时限）。倘若会议室中的家族成员数量超过 5 人，可将参与者划分为若干小组，并为各小组提供便利贴或索引卡。指导各小组依据共同愿景拟定 1~3 年的短期目标，或者 3~5 年的长期目标，并把它们书写在一张便利贴上。在规定时间过后，让各小组展示目标并将其粘贴于白板上。

第四步——确定目标优先级与行动协同（1 小时）：与全体成员一同审视白板上的所有目标，确定与家族企业共同愿景相符的共同目标，并通过投票方式确定优先级最高的目标。依据图 3-2 中的两个维度（家族导向或非家族导向，经济性或非经济性）确定目标定位，将目标放置于四个象限之中。针对这种优先级划分与归类背后的依据展开讨论，以便清晰了解每位成员的观点。

第二天

第一步——分配责任（1 小时）：谨记优先目标，探讨每位家族成员的技能与优势。依据他们的专业知识与兴趣偏好，将各个目标的责任分配至个人或团队，强调责任落实与定期汇报进展情况的重要性。

第二步——行动计划（1 小时）：以小组形式为每个优先目标制定行动计划。明确达成目标的具体步骤、时间安排与关键节点，预估潜在挑战并制定应对突发情况的预案。

第三步——总结（1 小时）：召集全体成员，总结目标与行动计划，提醒每位成员坚守对实现家族企业共同愿景与目标的承诺，协商定期跟进会议的时间安排，以便评估进展并适时做出必要调整。

> 💡 **其他建议**
>
> 本次目标设定练习旨在为家族企业确立统一的前进方向，并确保全体成员与长期愿景保持一致。定期回顾目标与行动计划，并依据实际情况变化与机遇适时调整。通过齐心协力朝着共同目标奋进，能够强化家族企业的运营管理，促进健康良好的家族关系并达成长期的成功。
>
> 目标的多样性不应被视作难题，而应被当作考量不同发展方向和探索变革路径的契机。

治理

家族企业治理是指一系列规则与架构，用来界定家族成员、董事会、高层管理团队（TMT）和企业其他利益相关者之间的关系，以制定商业决策，以及分担责任。家族企业治理在保障透明度、管控冲突并引领家族企业迈向长期成功的进程中，发挥着极为关键的作用。当所有权集中于家族成员之手，并与独特的家族企业目标相结合时，便能够在激励机制、权力结构和问责规范等方面形成治理机制，推动快速且特殊的决策制定。事实上，董事会中所有权与控制权的集中通常能使创业家族对企业行使自主裁量权。举个例子，某家族企业设立一个完全由家族成员组成的董事会，此时家族就可轻松掌控企业，在资源分配方面不受约束。同样，家族也可借助金字塔所有权结构、交叉持股与双重投票权股份来掌控企业，即便所有权结构更为复杂。然而，此类结构也可能对企业产生不利影响。

有效的治理将在以下几个方面影响家族企业的管理实践。第一，它构建了清晰的决策流程，并明确家族成员与非家族高管在战略规划中的角色定位，这有助于确保决策符合企业的最优利益，促进公平且客观的决策制定。第二，有效的治理架构提供了处理家族成员间可能产生的冲突的机制。第三，它还通过引入外部专业知识，采用企业界的最佳实践，推动家族企业的专业化进程。董事会中的独立董事能够带来多元的技能与经验，强化企业的决策流程与管理水平。第四，治理良好的家族企业能够赢得投资者和客户等外部利益相关者的信任。第五，透明的治理实践与道德标准的坚守可提升家族企业的声誉和公信力，吸引投资并建立稳固的商业关系。总体而言，有效的治理架构为所有者、董事和高层管理人员提供了一个框架，帮助他们共同协作以实现共同目标，确保企业长期成功，并通过应对挑战以积极化解冲突，有助于家族企业的整体健康与繁荣发展。

董事会是承担监督与指导企业职责的管理机构。董事会在保障有效决策以及管控家族成员与管理层之间的潜在冲突方面，发挥着核心作用。董事会成员构成应涵盖家族代表以及具备相关专业知识的独立董事。董事会的主要职责在于为家族企业提供战略指导，助力其设定长期目标，确保该目标与所有者的共同愿景以及企业的可持续增长相符合。董事会的一项关键职能在于监督企业绩效，它通过审查财务报告、关键绩效指标以及风险评估来确保企业稳健前行，这种监督职能对于促使管理层对其行为负责以及保障企业合规且高效运营至关重要。为确保决策公平有效，家族所有者应当审慎考量董事会的成员构成，通常应包含在企业中持有较大所有权份额的家族成员，以此体现家族利益诉求与价值理念。

在不同家族企业的董事会中，家族代表的比例是不同的。除家族代表之外，企业还可任命独立董事，对于那些上市的家族企业而言，任命独立董事属于强制性要求。独立董事与家族企业或创业家族不存在实质关联，不属于执行团队，亦不参与企业的日常运营，他们能够带来不同行业的多元技能与专业知识。独立董事有助于制定无偏倚的决策并挑战既有假设，进而提升透明度与客观性，还可以使家族企业的治理更为专业化（本章后续将深入探讨），他们的经验与知识有助于提升董事会引领企业战略方向并确保遵循最佳实践的有效性。总体而言，董事会在家族企业治理中占据核心地位，它提供战略指引、监督经营绩效并促进合乎道德与专业的管理实践。借助家族成员与独立董事的均衡组合，董事会确保家族利益与企业整体成功之间实现和谐互动。[3]

相比之下，家族企业的高层管理团队负责监管企业的日常运营，执行董事会所制定的战略决策。高层管理团队由核心高管与管理人员组成，肩负着确保企业愿景与目标成功落地实施的重大责任，其职能不局限于企业管理，还涵盖平衡家族与企业动态关系，使家族利益与企业利益协调一致。高层管理团队的主要职责是实施企业的战略规划，将董事会设定的长期目标转化为切实可行的举措与运营活动，这涉及制定战术决策、高效分配资源并推动组织朝着既定目标迈进。高层管理团队必须确保公司的日常运营符合董事会设定的战略愿景，并保障企业朝着愿景和目标稳步前行。

此外，高层管理团队负责管理家族企业内部的各个职能部门，涵盖财务、营销、运营、人力资源等方面，确保各部门高效协同合作，营造富有凝聚力且高效的工作环境。有效管理这些职能部门对于提升绩效、在市场中维持竞争优势极为关键。高层管理团队还充当创业家族与企业专业管理人员之间的联络纽带，由于家族企业通常面临与家族动态、决策以及传承规划相关的独特挑战，高层管理团队可以确保企业的管理实践与家族的价值观及长期目标相互匹配。

总而言之，高层管理团队在家族企业的日常运营与战略执行过程中发挥核心作用，负责将董事会的战略决策转化为可操作的计划，管理职能领域，并妥善处理家族利益与专业管理实践之间的微妙平衡关系。通过培育有效的领导力并保障协同一致的运营，高层管理团队为家族企业的成功与长期繁荣贡献重要力量。图 3-3 展示了董事会、高层管理团队和家族委员会之间的理想互动模式，涵盖了继任计划、战略计划和家族宪法。

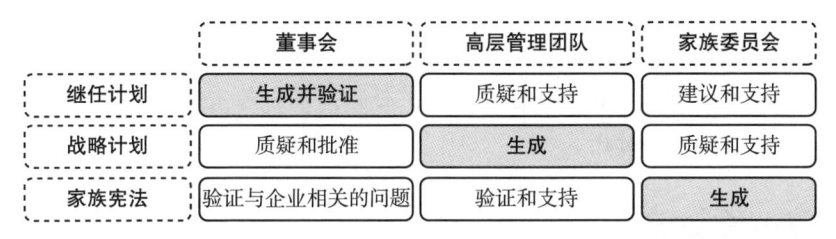

	董事会	高层管理团队	家族委员会
继任计划	生成并验证	质疑和支持	建议和支持
战略计划	质疑和批准	生成	质疑和支持
家族宪法	验证与企业相关的问题	验证和支持	生成

图 3-3　家族企业治理机构及其与家族委员会的互动关系

在家族企业的治理中，董事会需要有一定的多样性，能汇集具有不同背景、经验以及观点的人员，以此确保在进行重要商业决策时，能充分考量各类不同观点。治理机构中多元化的团队能够汇聚广泛的想法与专业知识，进而促成更完善、更明智的决策。当团队考虑到多元观点时，便更有可能识别并挑战那些潜在的、可能影响判断的无意识偏见。董事会的多样性之所以重要，是因为它能够避免群体思维趋同，激发创造力，助力家族企业适应商业环境的种种变化，还能确保听到更广泛的声音，让决策过程变得更加公平、更具成效。此前的研究已经明确指出，董事会和高层管理团队在性别、家族与非家族成员构成、代际或年龄、教育背景、文化以及国际经验等方面展现出的多样性，具有诸多积极价值。行动框3B提供了一个用于评估家族企业董事会或其他治理机构多样性的工具。

> **行动框3B：评估家族企业董事会的多样性**
>
> 家族企业董事会多样性的维度列表详见图3-4。针对每个维度下董事会的多样性水平，按照1~10分进行评分，之后将所有分数相加，并查看相应结果。这一评估练习同样适用于高层管理团队或者家族企业内的其他治理机构。
>
> **评分方法**
>
> 将各项分数相加，得出总体多样性指数，随后把结果与以下分数区间进行对比。
>
> **多样性指数阈值**
>
> - 0~40分：低多样性。处于此分数区间内，意味着董事会的多样性水平偏低。董事会成员构成主要由那些具有相似人口背景、专业经验和观点的人员主导，不同性别、种族、年龄以及国籍的人员代表性有限。缺乏多样性可能致使思维视野较窄，在决策过程中容易出现潜在的盲点。此时董事会应当着重致力于提升多样性与包容性，为治理机构引入更为广泛的视角。
> - 41~80分：中等多样性。达到这一水平时，董事会具备中等程度的多样性，尽管在吸纳不同背景人员方面已经取得了一定进

多样性指标	维度	描述	评分（1~10）
人口统计特征	性别	男性、女性所占的百分比	
	家族与非家族成员	家族成员和非家族成员各自所占的百分比	
	年龄	成员的平均年龄及年龄分布情况	
	种族或民族	不同种族和民族群体的代表性情况	
	国籍	不同国家背景的多样性状况	
专业背景	行业经验	来自不同行业的成员分布情况	
	职能专长	对成员技能和专业知识（如财务、营销、技术等方面）的评估	
	国际经验	具备国际商业经验的成员数量	
任期和人员构成	任期	成员的平均任期以及按服务年限的分布情况	
	独立性	独立董事与执行董事的比例关系	
领导角色	董事长和首席执行官角色	董事长和首席执行官角色的区分情况及其多样性表现	
	委员会主席	关键委员会（如审计、薪酬、提名或治理等）主席的多样性情况	
教育背景	教育多样性	具有不同教育背景（如商业、法律、科学、人文等）的成员分布情况	
总分			

图 3-4 评估家族企业董事会多样性的维度列表

展，但仍存在可改进的空间。不同性别、种族、年龄以及专业经验的人员有了较为明显的代表性，不过可能还存在某些代表性不足的领域。董事会已经开始受益于多元的观点和经验，这有助于开展更有深度的讨论，也可能促使决策更为优化。此时董事会应该继续努力吸引更多不同视角的人员参与，进一步提高决策的有效性。

- 81~100分：显著多样性。在此分数区间内，董事会呈现出显著的多样性特征。董事会成员构成体现出性别、种族、年龄以及专业经验方面的均衡代表性。董事会对多样性和包容性的重视程度显而易见，会积极寻求具有独特背景的人员加入，多样化的不同视角相互融合，丰富了讨论内容，推动了创新，也有助于做出更为明智的决策。此时的董事会堪称多元包容的典范，并且会积极努力维持并进一步提升其多元构成。

- 101~130分：典范多样性。处于这一最高多样性水平时，董事会为包容性和代表性树立了典范。董事会成员构成极为多样化，涵盖了不同的性别、种族、年龄、国籍以及专业背景，多样性已深深融入董事会的文化与实践之中，董事会始终积极寻求并热忱欢迎不同观点的融入。董事会的决策建立在丰富多元的观点基础之上，有助于制定富有创新性的战略并开展全面的治理工作。此时董事会已然成为多样性和包容性方面的榜样，能够激励其他机构纷纷效仿。

💡 其他建议

可操作的见解

- 依据评估结果，创业家族能够明确自身的优势所在以及有待改进的方面。这些信息能够指导制定有针对性的多样性和包

> 容性策略、开展招聘工作及实施提高治理效能的举措。
> - 每个创业家族对于家族企业董事会多样性的不同驱动因素可能各有侧重。因此,不同家族或许会针对图3-4中所列的多样性维度赋予不同的权重。

家族企业治理中的多样性能带来切实益处,但也伴随着各种挑战。比如,由于成员背景各异,沟通可能遭遇阻碍,容易引发误解,因此需要清晰的沟通策略。家族企业中的权力格局可能会对不同观点的整合构成威胁,因为部分家族成员或许拥有更大影响力,包容性对于保障决策过程中所有声音都能被聆听并得到尊重极为关键。遗憾的是,依据我们作为研究人员与顾问的经验,尽管家族企业可能表面上对多样性理念予以支持,但权力格局的现实状况却往往大相径庭。在此情况下,一些成员可能仅将外部的非家族成员视作一种象征,或者认为他们只是为了满足法律规定(如董事会的女性配额要求)而被引入的。如此一来,这些人员在治理结构中可能仅处于象征性地位,没有机会和权力做出实质性贡献,这必然会导致成员产生沮丧情绪并引发关系紧张。

上面提到的这种情形凸显出一个令人无奈的悖论:多样性的表象未必能转化为真正的包容与影响力,即便努力构建更为多元的治理格局,家族企业内部根深蒂固的权力格局仍可能削弱非家族成员或代表性不足群体做出实质性贡献的潜力。家族企业中正式治理与非正式治理之间有时会存在不相匹配的状况。比如,诸多家族企业表面上设有董事会,甚至董事会成员很多元化,但最终决策却由家族的领导者做出，从而未能充分发挥董事会的效能。[4] 我们的研究还表明，众多家族企业管理层向董事会披露特定公司信息的意愿较为有限，在董事会与管理层之间信息披露不足的情况下，任命外部董事对董事会的有效性以及企业绩效并无积极作用。[5] 为了切实实现治理效益，家族企业需突破表面形式，积极确保所有成员，不论其是否与家族关联，都能通过一个真正的平台参与其中，分享见解并影响企业的发展方向。

要在家族企业中构建有效的治理结构，关键在于明确区分企业治理机构（即董事会和高层管理团队）内部的职责与干预范围，同时兼顾更广泛的星系架构，通过精心规划创业家族星系中各组织的构成，保障其正常运转并设计它们之间的衔接机制。区分家族治理与家族企业治理的职责至关重要（见图 3-5），尤其要妥善处理二者之间的衔接问题。行动框 3C 提供了一个反思家族治理与家族企业治理衔接机制设计的契机。

家族企业治理

- 董事会
  - 设定企业的愿景和方向
  - 监督企业绩效
  - 制定战略决策
- 高层管理团队
  - 管理企业运营和职能

- 确保创业家族世代繁荣
- 明确沟通（家族所有者和企业成员之间）

家族治理

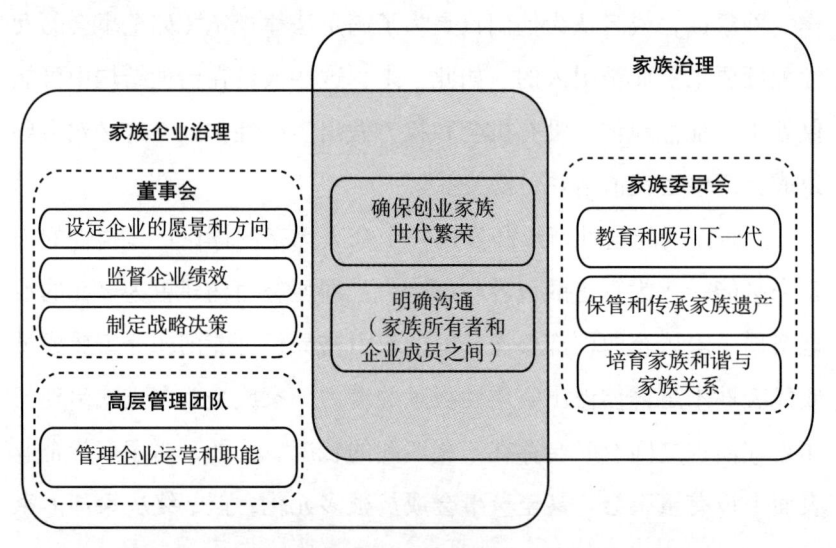

- 家族委员会
  - 教育和吸引下一代
  - 保管和传承家族遗产
  - 培育家族和谐与家族关系

图 3-5　家族治理和家族企业治理的责任及其衔接机制

行动框3C：设计家族企业治理和家族治理之间的衔接机制

目标

本次练习旨在共同规划并设计家族委员会、董事会与高层管理团队之间的衔接机制。该练习有助于促进家族与企业治理衔接处的开放沟通、角色与职责的协调、协同合作和有效决策。

参与者

家族委员会、董事会、高层管理团队以及所有权团体的成员。

时长

半天（6小时）。

所需材料

白板或活动挂图、马克笔、便利贴或索引卡、可供小组活动的宽敞开放空间。

流程

第一步——介绍（30分钟）：

召集创业家族成员，涵盖参与家族委员会、董事会以及高层管理团队的人员。阐释本次练习的目的在于协同设计这三个实体在家族企业治理中相互作用与协调的方式，强调所有参与者之间开放沟通、保持透明以及达成一致的重要性。强烈建议此次练习配备一名主持人。

第二步——设置角色和责任（1小时）：

- 将参与者划分为若干小组，每个小组专注于三个治理机构（家族委员会、董事会、高层管理团队）之一。
- 在各小组内，探讨并列举与每个机构相关的关键角色、职责以及决策范围。
- 将讨论结果记录于单独的便利贴或索引卡上。

第三步——整合与协调（1小时）：

- 召集全体小组，让各小组展示其讨论成果。
- 借助白板或活动挂图直观呈现每个机构的关键角色、职责以及决策范围。
- 确定三个机构之间可能存在重叠或相互依存的领域。
- 引导探讨这些机构如何实现无缝协作并避免冲突。

第四步——设计家族治理和企业治理的衔接机制（1小时）：

- 要求参与者集思广益，提出家族委员会、董事会与高层管理团队之间实现有效沟通与协作的策略与机制。
- 探索定期会议、报告结构以及信息共享机制等设想。
- 讨论如何将家族价值观、愿景和长期目标融入决策流程。

第五步——角色扮演和模拟（1小时）：

- 开展角色扮演或场景模拟活动，参与者在其中演绎需要三个机构协同配合的场景。
- 每个场景可能涉及特定商业决策或战略举措，需要家族委员会、董事会与高层管理团队的意见输入与批准。
- 鼓励参与者在这一整合框架内练习沟通、谈判与决策能力。

第六步——反思和反馈（30分钟）：

- 在角色扮演结束后，组织一场讨论，让参与者分享体验与见解。
- 要求参与者针对提议的衔接机制设计提供反馈，并提出改进或调整建议。

第七步——行动计划（30分钟）：
- 通过共同制定行动计划来总结此次练习，该计划应概述实施家族委员会、董事会与高层管理团队之间衔接机制设计的后续步骤。
- 分配具体任务并设定完成时间。

💡 **其他建议**

本次练习使创业家族能够积极投身于设计家族与家族企业治理机构之间和谐高效的衔接机制。通过促进开放沟通、协作与共识，家族企业能够建立一套治理框架，充分发挥各机构的优势，同时确保决策的协调统一与长期的成功。

资源

在家族企业里，有形资源与无形资源能够依据不同的资本类型进行归类，每种资本均对企业的整体成功、延续性以及独特特质有所助力。人力资本、社会资本、财务资本以及遗产资本对各类企业都具有重要意义，然而家族在企业的所有权、治理以及管理层面的介入，造就了其鲜明的特性。有关家族企业中资本类型的综述，见图3-6，在此图中，我们对各类资本予以界定，并着重阐释其在家族企业情境下的特质。

资本类型	内容	资产示例	家族企业中的关键特征
人力资本	无形资源与知识型资源	知识、经验、技能	专业知识、稳定且忠诚的员工队伍
社会资本	家族与企业在岁月演进中所构建的关系、网络与人脉的价值体现。当它与权力及影响力相结合时，便呈现为政治资本	关系、人脉、信任	组织与家族社会资本、稳固的长期人脉、影响力及接触"关键人物"（倡导与游说）的渠道
财务资本	企业可运用的货币资源	投资、留存收益、利益及外部融资渠道	耐心的财务资本
遗产资本	与家族历史、传统、价值观以及遗产相关的有形与无形资产	共同价值观与集体记忆、对往昔的眷恋	涵盖代代相传的独特文化与历史元素，是家族企业身份认同的关键组成部分

图 3-6　家族企业中的资本类型

人力资本　就人力资源而言，学者们发现家族企业存在明显的"二分偏见"[6]，即对家族成员与非家族成员的区别对待，每个家族企业或多或少都存在这种偏见。"二分偏见"源自这样一种假设：家族成员无论其实际技能、奉献程度以及努力状况如何，从长远视角来看，都会对企业秉持忠诚并为之贡献力量，而非家族成员则被视作忠诚度较低且更易出现搭便车行为。这种偏见在下面各个环节都有所体现，比如在招聘与晋升环节，不论能力高低，将家族成员安排在关键岗位；在绩效评估环节，不愿对家族成员的绩效加以监督，却对非家族管理者实施严苛的 KPI 考核；在薪酬与激励环节，为了防止家族对企业的控制权被稀释，避免向非家族管理者提供股票期权，家族成员与非家族成员在薪资和工作时间灵活性上存在差别。令人遗憾的是，家族企业中的"二分偏见"会致使在处置人力资本方面出现进一步的扭曲：辞退那些搭便车、低效的家族成员存在诸多阻碍；吸引那些有望助力家族企业蓬勃发展、专业且高效的管理者又面临重重困难。

为了减轻"二分偏见"，部分开明的创业家族为下一代制订培训计划和/或设定家族成员的入职要求（我们将在第7章对此予以详尽探讨）。通过减轻"二分偏见"，家族企业能够向非家族管理者提供更为公正的待遇与职业机遇，从而规避"玻璃天花板"[7]现象，对那些具备高专业水准的优秀管理者更具吸引力。尽管我们围绕人力资本对"二分偏见"展开讨论，但这种区别对待可能会延伸至其他资本类型，比如历史悠久的家族建筑与近期购置的房产，可能会遭受不同的对待。我们将在遗产资本部分对此展开进一步的探讨。

社会资本　　亲属关系是使家族企业有别于其他企业的一个显著方面，不过家族企业中所涉及的关系不局限于家族内部。关系本身即为关键资源，通过互惠与信任关系为参与者提供的善意与资源，统称为社会资本（又称关系资本）。家族企业的社会资本甚至能够拓展至政策倡导与游说领域。与家族企业相关联的社会资本存在三种不同类型[8]：第一，家族社会资本，即家族成员之间的联系；第二，组织社会资本，即家族企业内部各行为主体之间的关系；第三，外部社会资本，即组织行为主体与外部利益相关者之间的关系。

家族能够借助企业构建并维系社会关系，紧密的社会关系也是社会情感财富的关键要素之一。社会资本能够削减获取信息及其他资源的成本，推动知识流动并提升创造力。家族社会资本为道德行为奠定基础，因为基于相互依存与互动的家族关系有助于信任与互惠的培育，这些特性使家族社会资本成为最强劲且持久的社会资本形式之一。此外，在家族企业中，组织内部的关系往往反映家族社会资本。家族规范、价值观与叙事渗透至组织之中，塑造组织认同，也就是对"我们作为一个组织是谁"这一问题的回应，包括管理理念以及人力资源实践。当家族成员之间关系稳固、高度依存且紧密无间时，家族社会资本对组织社会资本的影响更强。反之，家族社会资本薄弱的家族企业可能更趋近于非家族企业。

鉴于家族在企业中的稳定性，以及其人力资源通常具有较高的留存率与较低的流动率，家族企业能够构建长期的外部关系。这种长期联系在收集复杂且特定的信息上有优势，但在获取能提供新颖信息的多样化网络方面则是劣势。家族与组织社会资本在社会网络方面的重叠程度越高，家族企业成员之间的外部关系就越冗余，进而限制了社会资本所能带来的竞争优势。

财务资本　家族企业通常倾向于优先使用内部资源和利润再投资，而非借助债务、私募股权、风险投资或者选择上市。但在进行重大扩张或收购之时，也会需要外部融资。在利用外部融资与维护家族控制权及家族价值观之间达成平衡，是一项颇具挑战性的精细任务。家族企业向来以其长期投资导向而著称，因此常被形容为"耐心资本"[9]。与那些侧重于短期收益的非家族企业和机构投资者有所不同，家族企业的"耐心资本"源自其对长期回报的预期，其决策的着眼点在于企业的世代可持续性，而非眼前利益。这类企业将稳定性、连续性以及为后代留存财富视为优先事项，这促使它们投资于有助于长期增长的战略。由于家族企业外部股东相对较少且对员工和社区的责任感更强，它们具备灵活性，能承受短期亏损，并将利润重新投入企业之中。

家族企业的财务资本的耐心特质在维护其独特身份与价值观方面具有优势，但在吸引寻求快速回报的外部投资者时也会面临挑战。总体来讲，家族企业的财务资本的耐心特质有助于强化对持续成功以及企业长期存续的追求，使其不拘泥于眼前的财务收益。部分创业家族面临财务资本缺乏多样性的难题，有相当大比例的财富与家族企业紧密相连，这或许会增加其风险。平衡不同资产类别的投资有利于降低风险，并构建更具弹性的财务状况，进而推动家族星系进一步发展。我们将在本章末尾关于家族企业重组的部分展开详细论述。

遗产资本　在家族企业中，源自家族历史、价值观、传统以及遗产的有形与无形资产被统称为遗产资本，它涵盖塑造企业身份、声誉以及竞争优势的独特文化元素。家族价值观与传统为家族企业的行为和道德准则提供指引，而企业长期存续以及对品质的坚守则提升了品牌声誉与客户忠诚度。遗产资本孕育出强大的组织文化，增进了员工的忠诚度与敬业精神。家族企业通常着眼于长远，将连续性置于优先地位，并致力于为后代传承遗产。尽管扎根于传统，但成功的家族企业也会拥抱创新与变革以维持竞争力（在本章后续关于家族企业创新的部分会深入探讨这一点）。

对遗产资本进行有效管理，需要在传统与变革之间寻求平衡，既要善用家族历史，又要对符合企业长期愿景的新战略与新想法保持开放态度。在家族企业中，跨代传承遗产资本是确保家族遗产与价值观得以延续的关键流程。分享家族故事与举行家族仪式是家族企业可采用的部分举措，以此确保遗产资本长期存续。通过有意识的努力与适应性举措来培育家族的身份意识与价值观，家族企业能够确保其遗产成为后代的指引力量。

总结一下，上述各类资本在家族动态、商业运营和社会影响的复杂背景下相互关联且彼此作用。家族企业要成功管理这些资本类型，需要在家族利益、企业目标以及创业家族的长期繁荣之间达成精妙平衡。理解人力资本、社会资本、财务资本与遗产资本之间的相互作用，对于期望世代繁荣并保持竞争优势的家族企业而言至关重要。

家族企业在星系中的定位和依存关系

如前文所述，家族企业仅仅是创业家族星系中的一个实体。这一星系框架塑造了主导家族企业行为的基本力量，涵盖其目标、治理和资源等方面。因此，创业家族必须深入探究星系内各组织在目标、治理和资源层面的相互作用。创业家族负责协调其组成组织之间的相互依存关系，如图3-7所示，以确保与总体目标保持一致。这种协调是一项持续不断的工作，需要依据星系内的变化定期进行重新校准。新组织的创立、现有组织的衰落及其扩张等情况，均可能引发星系架构重组。例如，创业家族的初始创业活动或许始于家族企业，同时追求多种类型的目标，如图3-2所示。然而，随着家族的扩张以及财富的积累，星系可能会拓展至包含专注于财富管理的家族办公室和致力于社会影响的家族基金会。在这种情况下，家族可能会在家族企业中弱化某些非经济性和非家族目标，而在家族基金会中强调它们。同样，家族导向的经济目标可能会在家族办公室中被优先考虑，使得家族企业能够继续专注于非家族导向的经济目标。

与此同时，家族企业的治理结构可能会经历重组。随着星系的繁荣发展，家族在企业日常管理中的参与度可能会降低，从而能够将更多精力投入星系内其他实体的创建与发展之中。为推动这一进程，创业家族需要构建明确的治理结构和星系内各组织治理与家族治理之间的衔接机制，确保责任清晰、沟通渠道透明以及权力动态平衡。

此外，组织之间的资源流动构成了星系内另一种相互依存的动态关系。例如，部分组织可能侧重于生成对资助星系内其他项目至关重要的金融资产。家族基金会通常作为创业家族培育与积累社会资本的渠道。这种社会资本储备能够使星系内的其他组织受益，促进商业关系完善、获取有价值的信息甚至开展政策倡导。

因此，星系呈现出其成员组织之间的复杂互动关系，必须考量每个组织行为的战略驱动因素之间的相互依存关系，如图3-7所示。

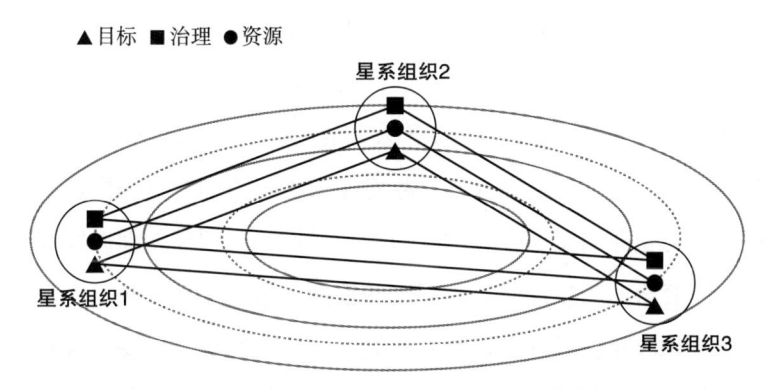

图3-7 家族企业行为作为星系架构中相互依存的组成部分的战略驱动因素

为了将目标、治理以及资源这三个战略驱动因素转化为切实的家族企业成果，深入了解家族企业的行为模式极为关键。基于此，下文将对家族企业的三种独特行为（专业化、创新管理和重组）展开研究，这些行为是家族企业的特征，并最终塑造了家族企业成果。

家族企业的专业化

家族企业的发展，无论是源于内部增长动力还是外部力量的驱动，均需融合文化认知与专业能力。这种融合对于家族成员做出明智决策、驾驭复杂性并引领企业迈向繁荣未来具有至关重要的意义。家族企业的专业化，即提升并强化企业运营标准、实践以及整体行为以符合既定行业规范与最佳实践的过程，是由诸多因素推动的。首先，伴随企业在复杂多变的商业环境中不断发展，家族内部管理人才匮乏的问题愈加凸显，尤其在财务、营销等专业领域，这便引发了引入外部专业知识的需求，以此确保决策的有效性与战略性。其次，商业规范与价值观的演变可能要求企业向更为专业化的运营模式转变，家族内部无条件的情感关爱与企业客观需求之间可能产生利益冲突，这就需要引入非家族专业人士，他们能够提供客观公正的视角并为企业的整体成功贡献力量。最后，为领导传承做好准备工作需要一套全面的技能体系，而这些技能在家族内部未必总能完全具备，承担领导角色或许需要额外的能力与专业知识，以妥善应对传承过渡的复杂性并延续企业的增长轨迹。归根结底，专业化是保障家族企业繁荣昌盛、具备竞争力并实现代际顺利传承的关键战略步骤。

家族企业专业化主要涵盖两个维度，如图 3-8 所示。第一个维度，我们称之为企业定位，即在企业内部成员与外部成员之间做出抉择。一方面，在家族企业之外就业的专业人士（可能身处相同或相关行业）通常已获取了与组织管理相关的技能与能力。聘用外部管理者能够成为拓展组织规模与外部社会资本的有力杠杆，因为他们的人际关系网络与企业自身的重叠可能性较低。然而，聘用外部管理者面临的挑战在于，他们对家族企业文化缺乏了解，需要花费时间去理解并融入其中，进而期望他们能够支持这种文化。另一方面，随着家族企业的发展以及新挑战的出现，培养内部管理者可使企业能够依靠那些已深入了解家族企业文化的组织成员。培训计划、高管教育以及指导举措能够依据家族企业的特定需求，在关键领域（如财务、营销及战略规划）为内部管理者赋予相应能力，这些能力加上对企业文化结构的深刻理解，使得内部管理者能够满怀信心地引领企业并适应不断变化的市场动态。不过，挑战同样存在，比如突破现状时的短视思维以及路径依赖。

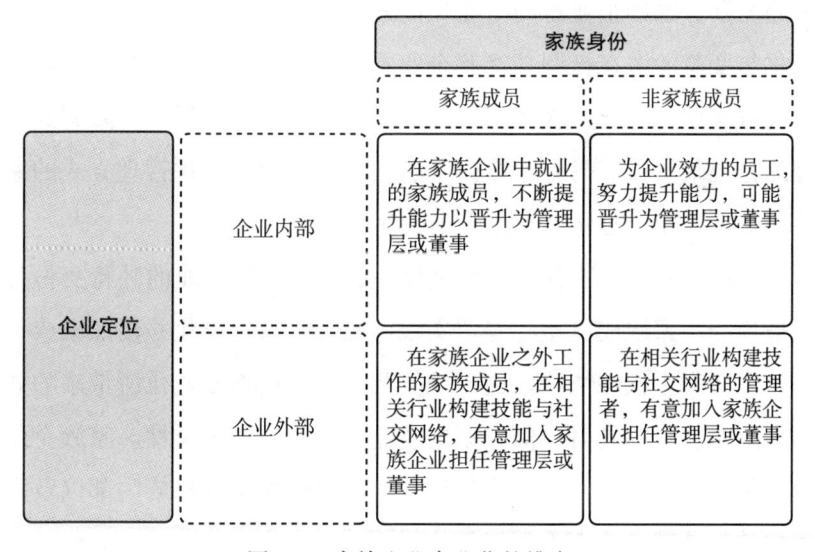

企业定位		家族身份	
		家族成员	非家族成员
	企业内部	在家族企业中就业的家族成员，不断提升能力以晋升为管理层或董事	为企业效力的员工，努力提升能力，可能晋升为管理层或董事
	企业外部	在家族企业之外工作的家族成员，在相关行业构建技能与社交网络，有意加入家族企业担任管理层或董事	在相关行业构建技能与社交网络的管理者，有意加入家族企业担任管理层或董事

图 3-8　家族企业专业化的维度

第二个维度，我们称之为家族身份，即在家族成员与非家族成员之间进行挑选。聘用家族成员或许能够确保较低的人员流动率以及对组织更高的忠诚度，从家族外部引入专业人士则为企业带来新颖且多元的视角，使其摆脱家族所特有的社会情感逻辑的束缚。在面临复杂挑战或需要创新策略时，非家族专业知识可能成为扭转局势的关键因素。外部专业人士的参与往往能够引入新的理念，凭借情感上的超脱以及更强的客观性，对根深蒂固的家族思维范式发起挑战。在此情形下，家族企业必须考量如何减轻"二分偏见"并吸引外部人才。家族企业专业化的四个选项可应用于不同个体，进而在家族企业中构建多元化的专业人才体系。

家族企业迈向专业化的进程并非一帆风顺。家族企业成员面临的核心挑战是，在维系文化认同与引入成功所需的必要专业能力之间达成平衡，这种平衡因家族企业内部的情感纽带以及深厚传统而更趋复杂。家族企业迈向专业化的另一个挑战在于，家族文化对规范化与变革的潜在抵制。家族企业不太愿意采用结构化的信息共享与决策流程，部分原因在于较高程度的结构化和流程化会限制其管理的自主裁量权。另外，习惯了非正式决策和个性化管理方式的家族成员也可能会对外部专业人士心存疑虑。

专业化进程中还有另一种风险，那就是家族企业的独特身份可能被稀释。家族成员担心专业实践可能会带来官僚化并侵蚀家族关系，进而产生抵触情绪。这一挑战凸显出在拥抱专业化所带来的效率与战略优势的同时，保护家族企业核心特质的重要性。家族企业专业化成功的关键在于构建信任并培育组织文化。家族内部以及家族成员与外部专业人士之间的信任是有效合作的基石，因为信任环境能够鼓励开放的对话、促进透明的决策制定，推动不同观点的融合。家族企业的专业化需要保持平衡，不仅涉及采纳标准化实践，还需使其与家族愿景保持一致，这样才能够确保专业化成为推动增长与创新的工具，而非对企业核心认同的威胁。

综上所述，家族企业的专业化是一个动态演进的过程，需要协调文化动态与专业能力，能够妥善驾驭这一复杂领域，对于寻求实现可持续成功与增长的家族企业而言至关重要。专业化也是期望拓展其星系架构的创业家族的必要举措，它使家族能够从家族企业的日常运营管理中解脱出来，释放创业家族在其他企业中追求增长的潜力。家族管理的专业化需要与明确的家族和企业治理机制相结合，以确保创业家族的目标与愿景同企业行为相契合。家族企业专业化进程与治理责任的发展进程是相辅相成的，二者相互关联（见图3-5及相关内容），如果这两个进程相互脱节，创业家族可能会逐渐与企业疏远，这极有可能对企业的成功以及创业家族的繁荣造成损害。

家族企业的创新管理

我们将企业的创新定义为一种新颖且实用的理念，它能产生新的产品、流程、服务、商业模式以及组织结构。与其他企业类似，家族企业同样需要持续创新，以便在快速变化的市场环境中保持竞争力。然而，因为家族企业的独特动态因素影响着创新的认知、追求以及实施方式，家族企业的创新管理是一项复杂且多面性的任务，需要在传统与进步之间达成微妙的平衡。

培育鼓励创新与冒险精神的文化氛围是家族企业创新管理的一个关键因素。营造一个能让家族成员与员工勇于提出并试验新想法的环境至关重要。畅通的沟通渠道、跨职能协作、对多元观点的认可都有助于构建充满活力的创新文化。家族企业通常秉持根深蒂固的价值观与长远的愿景，创新需要与这些核心原则保持一致，同时也要对市场需求做出响应。

资源分配在创新管理中同样发挥着关键作用。有效地将投资引导至创新项目，无论是借助内部研发、合作伙伴关系还是技术收购，都需要清晰地认识到资源分配对企业的战略优先事项的影响，以及对家族社会情感财富的潜在影响。

风险管理是家族企业创新管理的另一关键因素。家族与企业的紧密交织会放大失败的后果，这种后果比单纯的企业失败更严重，因为除财务层面外，失败也会给家族带来社会情感层面的挫折。因此，有效的风险评估与应对策略对于确保企业的长久存续与声誉至关重要。

家族企业还能够利用其深厚的人际关系与社会网络来推动创新，借助家族关系所带来的信任与历史积淀，可以促进协作并催生创意。在后面的章节中，我们将深入探讨家族企业创新管理中的两大核心矛盾：意愿与能力、传统与创新。

家族企业创新中的"意愿－能力悖论"

家族企业在创新进程中往往具备较高的资源分配自主裁量权，凭借紧密的家族纽带、共享的价值观以及长远的视角，展现出较强的创新能力。家族企业中的家族关联与集体知识能够培育创造力、协作能力以及对客户需求的深刻理解。家族企业也有强烈的传统意识和对传承的情感依赖，并且由于担忧收益的不确定性，它们对研发投资可能存在恐惧心理，这可能致使它们不愿接纳颠覆性或激进的创新。这种不愿偏离既定规范的态度或许源于保护家族社会情感财富、维护家族传承以及保持对企业的掌控的意愿。综上所述，我们的研究揭示了家族企业创新中存在的一个悖论，即"意愿–能力悖论"：

- 较低的启动创新项目的意愿：源于其风险规避倾向、家族内部技能缺失、不愿与可能具备此类技能的非家族管理者分享控制权，以及倾向于尽量减少外部融资的使用。
- 较强的完成创新项目的能力：源于其个性化控制所带来的更大的自主裁量权、较低的形式化与官僚化程度、长期投资视野、耐心资本、利他主义，以及所有者与管理者之间利益的一致性。

换言之，尽管家族企业相较于非家族企业而言具备更强的创新能力，但创新的意愿不足，这一现象被称为"意愿–能力悖论"。[10] 该悖论揭示了家族企业在创新过程中较强的创新能力与较低的创新意愿之间复杂的相互作用。

管理家族企业创新中的"意愿–能力悖论"需要一种精细的策略，既要充分发挥家族的独特优势，又要深入挖掘企业的创新潜力。一种可行的创新策略是家族驱动创新（FDI）[11]，它借助家族的社会资本与共享价值观来营造一个积极接纳创新的环境。行动框3D详细阐释了FDI的概念及其在释放家族企业创新潜力方面的应用方式，通过挖掘家族的集体创造力并鼓励开放的对话交流，家族企业能够克服对变革的抵触情绪，培育创新文化。

行动框3D：解释与实现家族驱动创新（FDI）

🎯 **目标**

探索家族驱动创新策略，并指导家族企业决策者加以应用。

制定一项创新策略要求企业在三个核心维度上做出决策：

- 创新策略的"何处"维度。这一决策涉及企业为推动创新流程而寻找所需资源与知识的方向。企业可能会搜索其现有的知识库、全新且陌生的技术领域，或者企业或控股家族过往与传统所包含的知识资源。

- 创新策略的"如何"维度。这一维度关乎企业开发创新并将其商业化所采用的方法，包括企业如何组织其创新项目，是否以及在多大程度上通过开放式创新模式从外部获取知识，以及如何激励和奖励参与创新项目的员工。

- 创新策略的"何事"维度。这是指企业决定投资的不同创新类型。企业可能将精力集中于产品、服务或商业模式创新，并且可能追求渐进式创新或激进式创新。

根据家族驱动创新框架，家族企业在这三个维度上所做的选择应当保持一致，并与其独有特征相符合。描绘特定家族企业最显著特征的一种方式是关注：

- 家族企业的"何处"维度。这一维度捕捉家族所有者的目标与意图，并回答这样一个问题：我们想要走向何方？例如，一些家族企业可能更侧重于追求家族导向目标，诸如家族和谐、社会地位以及身份认同，而其他家族企业可能更专注于追求非家族导向目标，比如纯粹的利润最大化。

- 家族企业的"如何"维度。这是指家族指挥、分配、补充或处置企业资源的权力。例如，家族对其所持有的企业资产的战略控制可通过构建金字塔所有权结构、交叉持股以及双重股权架构来增强，并且家族在做出战略决策时可能绕过董事会。

- 家族企业的"何事"维度。这一维度是指控股家族为追求其目标并使企业朝着期望方向发展所拥有和需要的资源性质，其核心命题是：我们需要或使用什么来达成目标？这一维度强调家族企业的独特资源与能力在影响行为方面的作用，包括人力资本、社会资本、财务资本及遗产资本。

如图3-9所示，只有当沿着创新策略的三个维度所做的选择与特定家族企业的特征相匹配时（如沿着上述提及的"何处""如何""何事"维度所描绘的那样），家族驱动创新才有可能实现，家族企业创新中的"意愿-能力悖论"才会得以解决。

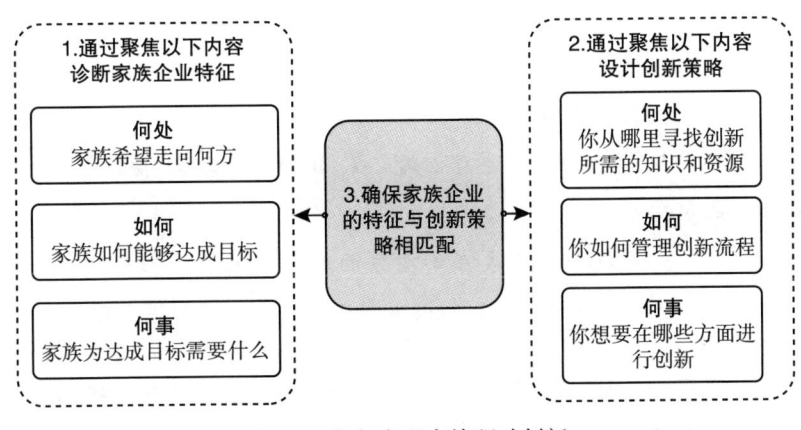

```
┌─────────────────────┐                    ┌─────────────────────┐
│ 1.通过聚焦以下内容   │                    │ 2.通过聚焦以下内容   │
│   诊断家族企业特征   │                    │   设计创新策略       │
│  ┌───────────────┐  │                    │  ┌───────────────┐  │
│  │     何处      │  │                    │  │     何处      │  │
│  │ 家族希望走向何方 │  │                    │  │ 你从哪里寻找创新 │  │
│  └───────────────┘  │    ┌──────────┐    │  │ 所需的知识和资源 │  │
│  ┌───────────────┐  │    │3.确保家族企业│    │  └───────────────┘  │
│  │     如何      │  │◄──►│ 的特征与创新 │◄──►│  ┌───────────────┐  │
│  │家族如何能够达成目标│  │    │ 策略相匹配  │    │  │     如何      │  │
│  └───────────────┘  │    └──────────┘    │  │ 你如何管理创新流程│  │
│  ┌───────────────┐  │                    │  └───────────────┘  │
│  │     何事      │  │                    │  ┌───────────────┐  │
│  │家族为达成目标需要什么│                    │  │     何事      │  │
│  └───────────────┘  │                    │  │ 你想要在哪些方面进│  │
│                     │                    │  │ 行创新         │  │
└─────────────────────┘                    │  └───────────────┘  │
                                           └─────────────────────┘
```

图 3-9　如何实现家族驱动创新

参与者

家族企业决策者。

⏱ 时长

3 小时。

📐 所需材料

白板或活动挂图、马克笔、用于小组活动的会议室。

🔀 流程

第一步（仅家族成员参与）旨在了解家族企业的特征

1. 家族希望家族企业走向何方？
2. 创业家族如何达成这一目标？
3. 创业家族为达成目标需要或使用什么？

第二步（创新管理者及其他负责创新活动的人员也会参与）旨在了解特定创新决策的特征

1. 家族企业在何处寻找创新所需的知识与资源，是贴近还是远离当前知识库？
2. 家族企业如何管理创新流程，例如通过封闭、协作或开放的方式？
3. 家族企业想要在哪些方面进行创新，例如产品、服务、流程、商业模式，以及是激进式创新还是渐进式创新？

第三步（创新管理者及其他负责创新活动的人员也会参与）旨在反思家族企业特征与创新决策之间的契合度

1. 家族企业的特征是否与所提议的创新策略相匹配？
2. 如果不匹配，家族企业可采取哪些措施来实现匹配？

总之，家族企业所有者与高管应当认识到，当创新策略与家族企业特征不匹配时，家族企业通过创新塑造竞争优势的可能性较低。相反，当创新策略与家族企业特征相符时，家族驱动创新便具备可行性，并且能够化解"意愿－能力悖论"，进而借助创新谋求竞争优势。总体而言，我们的研究表明，创新管理手册中推荐的最佳实践往往和家族企业的独特性并不适配，因此不要机械地照搬这些最佳实践，而是要实现创新策略与家族企业特征之间的契合。[12]

另外，家族企业的国际化策略可被视作一种特别的创新。我们的研究显示，家族企业独特的目标、治理与资源会影响其国际化程度与类型，以及选址决策和其他关键的国际化决策。[13]

利用历史和传统培育创新

历史与传统在家族企业的创新管理中扮演着关键角色。过往数代人的传承赋予家族企业一种身份认同、价值观和使命感。传统观念认为，创新意味着摒弃过去以迎接新事物，而传统则被视作创新的阻碍。然而和直觉相悖的是，我们的研究表明，传统也能成为灵感与竞争优势的源泉，最终成为家族企业创新的跳板。事实上，家族企业能够通过多种途径利用其历史与传统来推动创新。例如，我们近期针对 85 家家族企业的研究表明，高度重视传统的家族企业能够极具创新性，但它们用于激励员工创新的激励措施会随着对传统重视程度的差异而有所不同。[14]

首先，家族企业能够运用深厚的知识与经验，识别市场中尚未被满足的需求与机遇。家族数代人积累的独特见解能够激发创新理念，与客户产生强烈共鸣，并使企业在竞争中脱颖而出。其次，家族企业能够通过培育持续学习与适应的文化，将创新融入其传统，通过尊重过去并拥抱未来，家族企业能够营造一个传统与创新和谐共生的动态环境。这种方式使家族成员能够将传承的智慧与新视角相结合，推动基于传承的创新循环。随着家族企业努力在动态市场中维持其相关性与竞争力，它们面临着坚守价值观与开拓新方法之间的矛盾冲突。

我们的研究确定了"利用传统创新"[15]的有效策略，让家族企业能够在维系与传统紧密联系的同时引入现代元素，通过强调熟悉与新颖的融合策略，家族企业从先辈的智慧、流程与价值观中汲取灵感，并将其与当代技术与市场趋势相结合。

要掌握"利用传统创新"的策略，家族企业需要培育两种关键能力："内化"和"重新诠释"。"内化"是在组织中整合和传播与家族企业历史实践或其所在地区传统相关的知识，这在新产品创建过程中所运用的各种显性与隐性知识上得以体现，意味着使家族企业中的每一位成员——从资深成员到年轻成员，都能够便捷地获取历史与传统知识。"重新诠释"则是将历史知识的特定元素与现代技术相融合，以培育创新产品。这种融合保留了传统的精髓，同时推动了业务发展。通过挖掘其历史资源，家族企业塑造了独特的价值主张，既能吸引注重传统的消费者，又能吸引追求新体验的消费者。例如，一家家族酒庄可能会采用代代相传的传统酿酒技术，并借助创新的发酵方法与可持续包装对其进行调整。这种新旧交融的和谐搭配提升了产品的吸引力，拓展了客户群体，增强了市场竞争力。

家族企业可以依据创新目标采用不同的定位[16]，我们确定了四种定位。第一，"调味师"，采用适宜的创新导向，这种创新导向适合改变当前活动相对于过去的意义，以不同方式利用现有资源来开发更有吸引力的东西，同时不会承担过多风险。第二，"复刻者"，倾向于在贴近现状的基础上开展创新，探寻记忆与传承下来的价值观，并在低风险情境下进行变革。第三，"挖掘者"，通过将独特的传统组织资源与能力同现代资源相结合进行创新，在尊重并促进家族传承的同时推动创新。第四，"冒险家"，与过去保持距离，投身高风险活动，以追求独特性并摆脱传统的束缚。总之，家族企业可以通过采取与家族风险承受能力、凝聚力水平、愿景以及外部环境相符合的定位，妥善应对这些矛盾，规划可持续创新的路径。[17]

家族企业创新还可以采用"历史叙事策略"[18]，也就是围绕着一个跨越时间并塑造家族企业身份的精彩叙事展开，策略性地讲述家族的历史进程，着重强调价值观、里程碑和代际贡献。借助历史叙事，家族企业巧妙地将家族的过去融入当下，将其历史转化为战略资产来推动创新，绘制出一幅生动的发展画卷，彰显其持久的传承。我们的研究表明，这种"历史叙事策略"不仅培育了连续感，还注入了一种强烈的真实感。客户、员工以及社区等外部利益相关者也会被这种叙事所吸引，建立起情感联结与忠诚度。例如，一家家族经营的餐厅将代代相传的正宗食谱与家族起源和烹饪传统的逸事相结合，通过与顾客分享这一故事，餐厅营造出一种深厚的情感联结，使每一次用餐都成为一次穿越时光的沉浸式旅程。

总之，我们的研究与实践表明，管理家族企业的创新犹如在传统与进步之间的精妙舞蹈。无论是将创新融入传统，还是创作引人入胜的历史叙事，家族企业不仅守护了传统，还培育了推动它们迈向繁荣未来的创新力量。通过平衡传统与创新，家族企业能够在竞争激烈的市场中构筑强大的竞争力，同时保留其真正独一无二的特质。

家族企业的重组

家族企业为了实现世代传承和长久成功，必须恪守财务审慎原则，同时积极调整企业架构，以适应家族以及企业不断变化的态势。家族企业的重组涉及多种战略工具，包括收购与剥离。收购是从别的公司购入资产，而剥离是指出售资产、创建独立实体，也可以是将所有权转移给其他家族成员、管理者、员工或者外部投资者。无论是作为进入市场还是退出市场的策略，重组都能让家族企业重新调配资源、优化运营、调整业务单元，从而有效应对各种变化。家族企业如果能认识到重组的必要性并积极拥抱变革，便可提升自身适应能力，在动态变化的商业环境中保持灵活性。

处理收购事宜

家族企业面临的核心决策之一就是多元化发展。企业内在的扩张与增长愿望可能会受诸多因素影响，如市场动态变化、竞争压力以及消费者偏好改变等。家族继任者往往会选择在不切断与家族企业关联的情况下，对业务组合进行多元化拓展，这一策略可以在保护家族遗产的同时，探寻企业新的增长路径。[19] 在收购方面，与家族企业联系紧密的人员具备独特优势。他们对企业运营情况、发展历史和价值观有着深入了解，因此能够更有效地应对信息不对称问题，进而实现更精准的估值。上面这些因素凸显了内部知识在战略决策方面的重要性，也彰显了家族洞察力与商业智慧相结合所产生的强大力量。

家族企业通常倾向于利用自身已有的专业知识和行业经验开展关联收购。例如，我们的研究发现，家族企业在做收购决策时，会基于两个基本的效用函数，一个是财务收益，一个是家族对企业投资的社会情感财富。[20] 遗憾的是，这两个效用函数往往是此消彼长的关系，我们称之为家族企业的"混合博弈"现象。具体而言，我们的研究表明，家族企业的收购决策并不像以往传统研究认为的那样保守或谨慎，其决策考量的不仅仅是财务风险，还有避免家族社会情感财富受损。

我们对 626 家家族企业和非家族企业的 1014 笔国际收购案例进行分析，结果发现在不确定的经营环境下，家族企业相较于非家族企业更有可能开展关联收购，以避免家族社会情感财富受损。市场和制度环境也会影响家族企业做出多元化收购的决策。所以，即便是财务绩效欠佳，家族企业也有可能冒险涉足不相关行业。这种在传统影响范围内外进行多元化拓展的倾向，充分体现了家族企业的适应性和灵活性。多元化发展可能意味着进行海外投资，参与跨国并购，或许这样做是为了应对经济衰退，又或者是为了利用不同地域的低成本采购优势。这种收购行为的全球化趋势，展现出家族企业在保持鲜明家族导向的同时，积极探索发展机会的意愿。

处理剥离事宜

家族企业做出剥离决策往往会伴随着强烈的情感纠葛，因为家族对企业有着深厚的社会情感依赖。出售家族企业可能会让家族成员感觉像是在放弃家族资产，还需要重新定义家族身份以及此前与企业相关的各种关系。出于类似原因，家族企业在面临财务困境或者努力收购其他企业时，更倾向于依赖债务融资，而不是通过出售股份来稀释对家族企业的控制权，因为家族成员通常将出售股份视为社会情感财富的损失。鉴于需要权衡财务收益和社会情感财富，家族所有者可能更不愿意出售家族企业或者其部分资产，毕竟出售所带来的社会情感成本或许无法完全通过财务收益来弥补。当出售方家族成员积极参与企业管理时，这种情况就更为明显了，因为参与管理会增加他们的情感投入，使得社会情感财富的损失需要更多补偿。

家族内部收购是一种特殊的剥离形式，通常是创业家族中的一个或多个参与家族企业管理的成员，收购其他家族成员或股东所持有的所有权权益或股份。这种收购一般发生在家族成员退休、产生纠纷、进行传承规划，或者希望巩固控制权时。这种对企业所有权或管理结构进行的重组，常被称为"修剪家族树"，也就是出于某种原因将部分家族成员排除在企业之外。

家族内部收购可以有多种形式，比如部分收购，即部分家族成员把自己的股份卖给其他成员；或者完全收购，也就是部分家族成员购买其他家族成员或股东持有的股份，从而获得企业的完全控制权。收购的具体条款通常需要经过各方讨论，并通过法律和财务方面的安排来进行协商和确定。家族内部收购往往比较复杂，还涉及情感因素，牵扯到财务和人际关系等多方面的动态变化。一次成功的家族内部收购通常需要精心规划、保持清晰的沟通并寻求专业指导，这样才能确保所有权顺利交接，最大程度减少家族内部以及企业内部可能产生的冲突。

当创业家族决定出售企业或者退出经营时，意味着家族和企业发展历程中的一个重要且往往充满情感波澜的转折点来临了。这一决策可能是由多种因素引发的，比如市场动态发生变化、行业趋势出现转变、面临传承挑战、出于财务方面的考虑，或者想要探索新的发展机会。创业家族会通过重组来进行战略层面的重新定位，使其能够适应新家族成员的优势与期望，同时保留那些支撑家族传承遗产的核心价值观和传统。

对创业家族而言，出售企业代表着一个关键节点，需要对其所属的星系进行重构。毫无疑问，创业家族设立家族办公室（详见第1章图1-2对该类型星系组织的定义）的主要原因之一，就是管理出售家族企业所产生的金融财富。通常，家族财富会被集中起来，投资于一系列资产，可能涵盖直接投资、公共股权、房地产或者慈善投资等领域。我们会在第4章探讨家族所有者在星系中的角色，并在第5章讨论企业并购或剥离后的相关情况。

本章要点

1. 家族企业行为的战略驱动因素：
   （1）家族企业通常有着独特的经济性或非经济性以及家族导向或非家族导向目标组合，这些目标会影响决策制定，并且取决于创业家族的意愿。

（2）创业家族的能力会塑造家族企业的治理结构，进而影响重大战略决策（例如家族企业专业化、创新或者重组）的控制与执行情况。

（3）创业家族的能力还驱动着家族企业有形和无形资源（主要可划分为人力资本、社会资本、财务资本和遗产资本）的分配，从而产生诸如二分偏见、家族社会资本、耐心财务资本以及传承依恋等独特特征。

（4）家族企业的目标、治理以及资源与创业家族星系中其他组织的目标、治理和资源相互依存。必须精心设计并规划星系架构及其随时间的演变情况，以确保与创业家族的目标相契合。

2. 家族企业的专业化：

（1）家族企业在管理技能方面可能会遇到挑战，特别是随着企业不断发展壮大，并在更为复杂的经营环境中运营时，这种挑战会愈加明显。

（2）专业化涉及引入内部或外部的管理者或董事，他们可能是家族成员，也可能不是，他们在财务、营销等领域具备特定专业知识，以此提升企业整体绩效和决策能力。

（3）家族企业的专业化能够释放家族成员投资其他业务的潜力，不过创业家族需要构建合适的治理结构以及相关衔接机制，以此来管控企业。

3. 家族企业的创新管理：

（1）家族企业的创新会受到多种因素影响，包括家族参与程度、沟通方式以及传统与变革之间的相互作用等。

（2）家族企业可能面临"意愿-能力悖论"，也就是它们虽然更有能力为创新调配资源，但由于对投资不确定活动所带来风险的规避心理，不太愿意这么做。不过，它们可以通过合理方式来化解这一悖论，进而释放创新潜力。

（3）"家族驱动创新（FDI）"是应对"意愿-能力悖论"的一种可行策略。

（4）通过传统策略进行创新，能让家族企业将自身传统和历史根源作为创新基础。为此，家族企业需要培养"内化"和"重新诠释"这两项能力。

（5）创新管理手册中推荐的最佳实践往往和家族企业的特征不匹配，家族企业应当避免盲目采用这些最佳实践。

4.家族企业的重组：

（1）家族企业的重组需要具备战略灵活性和适应性。随着时间的推移，家族企业可能会面临不断变化的市场条件、竞争压力以及内部动态。

（2）做出收购、剥离或者出售资产等决策，可能会对家族的社会情感财富产生深远影响，进而影响家族企业的估值。

（3）有效的重组有助于保障创业家族的连续性，家族可以重新调整其星系以及在家族企业中的参与情况，使其与家族成员的优势和期望相匹配。

（4）家族内部收购是一种特殊类型的剥离形式，常用于"修剪家族树"。

值得反思的关键问题

1. 家族企业的目标、治理和资源:
   (1) 你该如何在对企业的情感依赖与实现长期经济目标的需求之间达成平衡呢？可以采取哪些策略来有效协调家族和企业的目标呢？
   (2) 你能够建立什么样的治理结构和机制，以确保决策过程透明化，并缓解因家族和企业优先事项不同而产生的冲突呢？
   (3) 你该如何在家族企业中管理并分配资源，以便同时支持短期运营需求和长期战略目标，尤其是在企业运营变得更为复杂时？
   (4) 家族企业的目标、治理以及资源与家族星系中其他组织的目标、治理和资源之间存在什么关联和相互依存关系呢？

2. 家族企业的专业化:
   (1) 随着企业不断扩张，你该如何解决家族内部在专业管理技能方面可能存在的不足呢？该如何在保留核心价值观的同时，最好地整合非家族专业人士呢？
   (2) 采用更为专业的管理方法有哪些好处？在保持强烈家族认同感的同时，如何向专业化过渡呢？

3. 家族企业的创新管理:
   (1) 如何借助家族的历史故事和传统来推动创新，同时接纳新技术和新策略，进而在快速变化的市场中保持竞争力呢？

（2）你可以运用哪些方法，有效地向外部利益相关者传达家族和企业的历史与传承情况，从而建立信任、加强联系，让自己在行业中脱颖而出呢？

4.重组：

（1）重组可能会对创业家族与家族企业之间的情感联系和认同感产生怎样的影响？该如何应对社会情感财富方面可能面临的挑战呢？

（2）在重组过程中，考虑到不同的观点以及情感依赖情况，你可以采取哪些措施来确保家族成员之间保持开放的沟通，并达成共识呢？

延伸阅读

Arzubiaga, U., Kotlar, J., De Massis, A., Maseda, A. and Iturralde, T. (2018) Entrepreneurial orientation and innovation in family SMEs: Unveiling the (actual) impact of the board of directors. *Journal of Business Venturing*, *33*(4), 455–69.

Bettinelli, C., De Massis, A., Singal, M. and Davis, J. (2023) From family director pathos to board ethos: Managing multiple role identity struggles in the boardroom of family firms. *Journal of Management Studies*, in press.

Chrisman, J.J., Chua, J.H., De Massis, A., Frattini, F. and Wright, M. (2015) The ability and willingness paradox in family firm innovation. *Journal of Product Innovation Management*, *32*(3), 310–18.

Debellis, F., Rondi, E., Buckley, P. J. and De Massis, A. (2024). Family firms and the governance of global value chains. *Journal of International Business Studies*, in press.

De Massis, A., Audretsch, D., Uhlaner, L. and Kammerlander, N. (2018) Innovation with limited resources: Management lessons from the German Mittelstand. *Journal of Product Innovation Management*, *35*(1), 125–46.

De Massis, A., Di Minin, A. and Frattini, F. (2015) Family-driven innovation: Resolving the paradox in family firms. *California Management Review*, *58*(1), 5–19.

De Massis, A., Frattini, F., Kotlar, J., Petruzzelli, A.M. and Wright, M. (2016) Innovation through tradition: Lessons from innovative family businesses and directions for future research. *Academy of Management Perspectives*, *30*(1), 93–116.

De Massis, A., Kotlar, J., Frattini, F., Chrisman, J. and Nordqvist, M. (2016) Family governance at work: Organizing for new product development in family SMEs. *Family Business Review*, *29*(2), 189–213.

Erdogan, I., Rondi, E. and De Massis, A. (2020) Managing the tradition and innovation paradox in family firms: A family imprinting perspective. *Entrepreneurship Theory and Practice*, *44*(1), 20–54.

Ge, B., De Massis, A. and Kotlar, J. (2022) Mining the past: History scripting strategies and competitive advantage in a family business. *Entrepreneurship Theory and Practice*, 46(1), 223–51.

Jaufenthaler, P., Kallmuenzer A., Kraus S. and De Massis, A. (2024) The localness effect of family firm branding on consumer perceptions and purchase intention: An experimental approach. *Journal of Small Business Management*, in press.

King, D.R., Meglio, O., Gomez-Mejia, L., Bauer, F. and De Massis, A. (2022) Family business restructuring: A review and research agenda. *Journal of Management Studies*, 59(1), 197–235.

Kotlar, J. and De Massis, A. (2013) Goal setting in family firms: Goal diversity, social interactions, and collective commitment to family-centered goals. *Entrepreneurship Theory and Practice*, 37(6), 1263–88.

Pinelli, M., Chirico, F., De Massis, A. and Zattoni, A. (2024) Acquisition relatedness in family firms: Do the environment and the institutional context matter? *Journal of Management Studies*, 61(4), 1562–1589.

Rondi, E., De Massis, A. and Kotlar, J. (2019) Unlocking innovation potential: A typology of family business innovation postures and the critical role of the family system. *Journal of Family Business Strategy*, 10(4), 100236.

Rondi, E., Magrelli, V., Debellis, F. and De Massis, A. (2024) The evolution of craft work in the strategic development of an entrepreneurial family firm. *Strategic Entrepreneurship Journal*, in press.

Smith C., Rondi E., De Massis A. and Nordqvist M. (2024) Rising every time fall: Organizational fortitude and response to adversities. *Journal of Management*, 50(5), 1865–1910.

Uhlaner, L., De Massis, A., Jorissen, A. and Du, Y. (2021) Are outside directors on the SME board always beneficial? Disclosure of firm-specific information in board-management relations as the missing mechanism. *Human Relations*, 74(11), 1781–1819.

Villani, E., Linder, C., De Massis, A. and Eddleston, K.E. (2024) Employee incentives and family firm innovation: A configurational approach. *Journal of Management*, 50(5), 1797–1835.

注 释

1. Kotlar, J. and De Massis, A. (2013) Goal setting in family firms: Goal diversity, social interactions, and collective commitment to family-

centered goals. *Entrepreneurship Theory and Practice*, *37*(6), 1263-88.

2. 目标多样性指的是参与家族企业决策的成员所具有的不同目标，体现在组织内不同成员所追求目标的广度和范围上（Kotlar and De Massis, 2013）。

3. 尽管现有知识体系表明董事会的主要职责是提供资源和战略方向（服务任务）以及监督高层管理者（控制任务），但我们近期的研究显示，家族企业的董事会还承担着超越传统服务和控制任务的桥梁与缓冲任务。更多细节，见：Bettinelli, C., De Massis, A., Singal, M. and Davis, J. (2023) From family director pathos to board ethos: Managing multiple role identity struggles in the boardroom of family firms. *Journal of Management Studies*, in press.

4. Arzubiaga, U., Kotlar, J., De Massis, A., Maseda, A. and Iturralde, T. (2018) Entrepreneurial orientation and innovation in family SMEs: Unveiling the (actual) impact of the Board of directors. *Journal of Business Venturing*, *33*(4), 455-69.

5. Uhlaner L., De Massis A., Jorissen A. and Du, Y. (2021) Are outside directors on the SME board always beneficial? Disclosure of firm-specific information in board-management relations as the missing mechanism. *Human Relations*, *74*(11), 1781-1819.

6. Verbeke, A. and Kano, L. (2012) The transaction cost economics theory of the family firm: Family-based human asset specificity and the bifurcation bias. *Entrepreneurship Theory and Practice*, *36*(6), 1183-205.

7. "玻璃天花板"是一个比喻，指阻止某些个体在组织内晋升到领导职位的无形障碍。

8. Arregle, J.L., Hitt, M.A., Sirmon, D.G. and Very, P. (2007) The development of organizational social capital: Attributes of family firms. *Journal of Management Studies*, *44*(1), 73-95.

9. De Massis, A., Audretsch, D., Uhlaner, L. and Kammerlander, N. (2018) Innovation with limited resources: Management lessons from

the German Mittelstand. *Journal of Product Innovation Management*, *35*(1), 125-46.

10. Chrisman, J.J., Chua, J.H., De Massis, A., Frattini, F. and Wright, M. (2015) The ability and willingness paradox in family firm innovation. *Journal of Product Innovation Management*, *32*(3), 310-18.

11. De Massis, A., Di Minin, A. and Frattini, F. (2015) Family-driven innovation: Resolving the paradox in family firms. *California Management Review*, *58*(1), 5-19.

12. De Massis, A., Kotlar, J., Frattini, F., Chrisman, J. and Nordqvist, M. (2016) Family governance at work: Organizing for new product development in family SMEs. *Family Business Review*, *29*(2), 189-213.

13. Debellis, F., Rondi, E., Buckley, P. J. and De Massis, A. (2024). Family firms and the governance of global value chains. *Journal of International Business Studies*, in press.

14. Villani E., Linder C., De Massis A. and Eddleston, K.E. (2024) Employee incentives and family firm innovation: A configurational approach. *Journal of Management*, 50(5), 1797-1835.

15. De Massis, A., Frattini, F., Kotlar, J., Petruzzelli, A.M. and Wright, M. (2016) Innovation through tradition: Lessons from innovative family businesses and directions for future research. *Academy of Management Perspectives*, *30*(1), 93-116.

16. Rondi, E., De Massis, A. and Kotlar, J. (2019) Unlocking innovation potential: A typology of family business innovation postures and the critical role of the family system. *Journal of Family Business Strategy*, *10*(4),100236.

17. 关于我们基于这些创新定位开发的评估工具，旨在帮助创业家族评估并确保企业与家族系统的适配性，充分释放企业的创新潜力，见 Rondi, E., De Massis, A. and Kotlar, J. (2019) Unlocking the innovation potential of family firms: An assessment tool.*Entrepreneur

& *Innovation Exchange*.
18. Ge, B., De Massis, A. and Kotlar, J. (2022) Mining the past: History scripting strategies and competitive advantage in a family business. *Entrepreneurship Theory and Practice, 46*(1), 223-51.
19. King, D.R., Meglio, O., Gomez-Mejia, L., Bauer, F. and De Massis, A. (2022) Family business restructuring: A review and research agenda. *Journal of Management Studies, 59*(1), 197-235.
20. Pinelli, M., Chirico, F., De Massis, A. and Zattoni, A. (2024) Acquisition relatedness in family firms: Do the environment and the institutional context matter? *Journal of Management Studies*, 61(4), 1562-1589.

第 4 章

成为并发展负责任的家族所有者

- 4.成为并发展负责任的家族所有者
- 6.推动家族参与慈善及社会影响项目
- 3.管理家族企业并理解其独特行为
- 5.管理家族财富与运营家族办公室
- 2.培育家族同时繁衍新家族
- 7.培养下一代并管理传承
- 1.创业家族星系

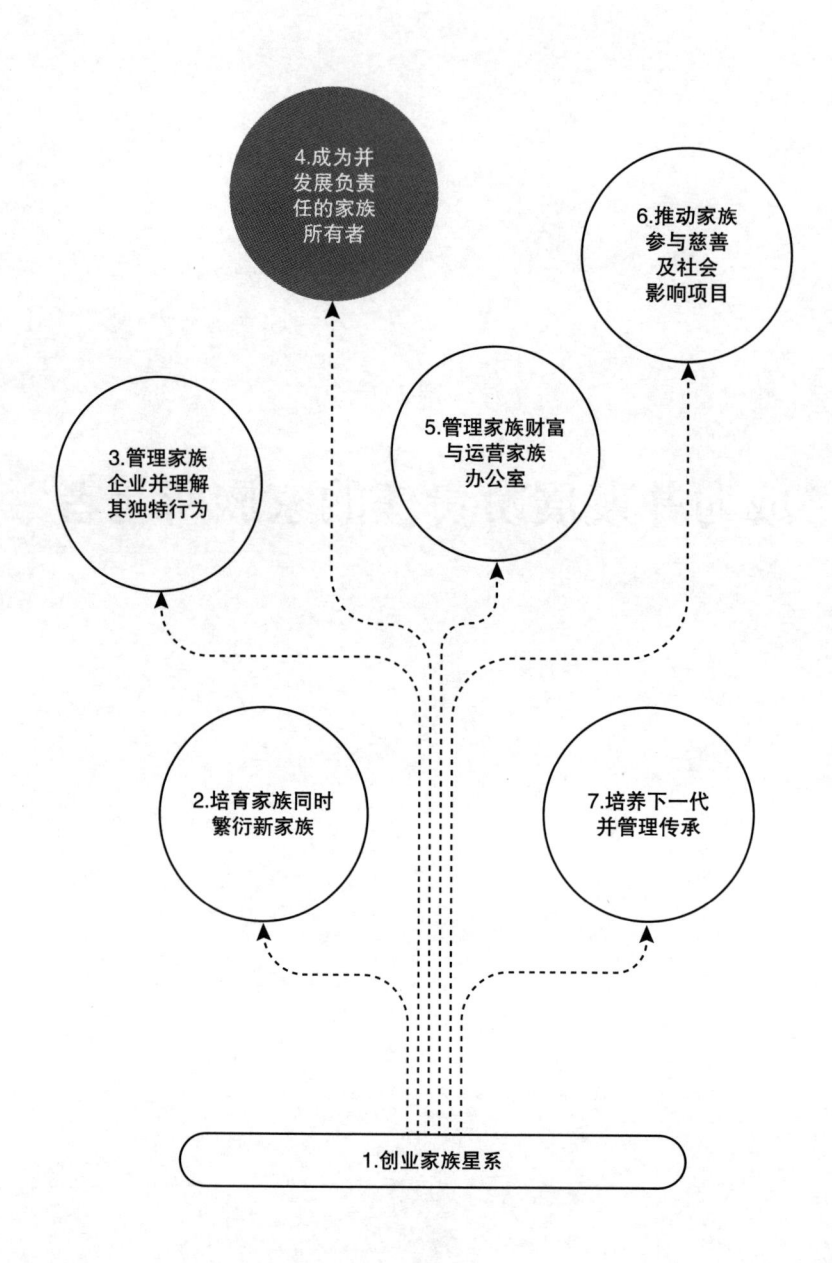

什么是所有权

所有权通常是指掌控家族企业的权利[1]，它不仅仅关乎权利，还涉及责任。家族企业的所有者一般是创始人或者其后代，创业家族的主要愿望便是将企业所有权保留在家族内部。家族所有权是全球最为常见的所有权形式，无论是在私营企业还是在上市公司中均是如此。在实践中，家族所有权有着不同的衡量方式：从家族成员持有的股权数量、家族成员持有的投票权比例，到家族成员持股比例的不同界限值（在私营企业中超过50%，在上市公司中超过5%）。若干个家族企业还能够汇总成为家族企业集团，这是一种呈金字塔形状的组织，它将具有共同协调机制的独立企业整合在一起。在家族企业集团里，家族所有权通过所有权占比、大股东的存在状况以及集团内部交易来评估。

在决策过程中，有所有权的家族成员发挥着极为关键的作用，确保股东对企业的满意度与忠诚度，这对企业以及创业家族均有益处。在本章中，我们将所有权界定为家族企业中的股份所有权，而家族投资者的角色会在第5章予以探讨。随着所有者将关注重点从企业的日常运营中转移开来，他们承担起监督职能，以及资源分配、传承规划和战略决策等责任，所有这些都有助于家族企业实现长期繁荣与成功。

除了"法定所有权"之外，家族企业还有"心理所有权"的特性，即个人即便未持有股份，也会感觉自己拥有企业。研究表明，有这种感受的员工更有可能付出额外努力，并且在企业中留任更长时间。因此，法定所有者也必须通过感受到对家族企业的责任与影响力来培育心理所有权。在企业名称与家族名称一致的情形下，家族成员的心理所有权往往会得到强化，促使家族成员将自身的身份与声誉和家族企业或者集团紧密相连。

法定所有权通过投票权来行使权利与履行责任，从而赋予股东权利与建立问责机制。[2] 所有者应当以负责任的态度行使投票权，做出符合所有者群体、家族以及其他利益相关者利益的决策。随着时间的推移，所有权格局通常会趋于分散，致使股东数量增多，此时所有权群体保持团结，做出连贯决策依然至关重要，这对家族企业的发展起着决定性作用。如果没有与其他所有者维持建设性对话以及透明度，就可能会破坏这种团结，危及战略决策以及家族企业的世代繁荣。

保持长期愿景，优先考量所有权结构的凝聚力，对于世代守护创业家族的财务、社会情感以及人力资产意义非凡。处理所有权问题需要采用多学科的方法，对于被要求就这些问题为家族企业提供建议的顾问而言同样如此。所有权问题如此复杂，以至于顾问需要具备法律、税务、财务、心理、文化、战略、政治以及社会学等多方面的能力。

在本章中，我们将探究以下内容：家族企业所有权的不同结构、所有者的角色、家族企业所有权的特性、担任所有者角色的替代方式、所有权能力、战略以及治理。

所有权结构：所有权集中程度、所有权形式和所有者类型

创业之初，家族所有权的结构往往较为简单，通常是单一所有者或者少数家族成员合伙持有大部分股份，完全由家族所有的私营企业一般着重强调家族控制。当家族企业内部存在绝对控制时，家族动态与企业运营融合得最好，家族等级制度也会在组织内部占据主导地位。家族对企业的绝对控制也会提升以家族为中心的重要性，同时让家族所有者之间的等级纠葛增多，这会对精英管理形成阻碍，也会妨碍组织的自治。

随着时间的流逝，由于家族规模扩大（更多家族股东出现），其他非家族股东加入，企业结构日益繁杂，所有权形式会发生改变。所有权会慢慢地从集中变为分散，所有者类型和所有权在企业决策中的作用都会发生变化。当所有权在过多的家族成员之间分散，或者集中于少数人手中时，凝聚力会被削弱，也会影响信息流动。凝聚力的缺失对家族所有者尤其不利，它可能引发超出企业事务范畴的冲突。所有权高度分散或者功能失调的集中，会导致关系弱化以及凝聚力降低，这会阻碍信息流动，限制潜在收益，催生诸如路径依赖、难以挑战既定战略等适得其反的行为。家族成员之间所有权分配严重失调、联系薄弱的企业可能会面临决策瘫痪的困境，使企业面临风险。这种状况往往会造成紧张局势，会对家族和企业环境造成影响，致使部分家族成员出售家族企业股份，甚至退

出家族企业。

家族企业通常不太愿意开放所有权，因为这会削弱家族控制，并且被视作对家族社会情感财富的威胁。然而，家族企业也可能涵盖非家族所有者，因此虽然家族在企业中保留控股权，但也允许外部或者非家族少数股东持有部分业务。这些非家族股东可能是其他私人所有者、员工或者机构。此外，家族企业甚至可能选择通过首次公开募股（IPO）成为上市公司，进而进一步分散所有权并增加外部股东持有的股份比例。

我们的研究表明，当外部股东参与家族企业时，家族所有者的角色往往会发生重大转变，需要在家族和企业之间达成微妙的平衡，并且需要对外部人士保持透明。非家族所有者通常会为家族企业带来战略资本、专业知识以及不同视角，他们的参与能够提升所有权群体的多样性，改善企业获取资源、财务洞察力、人脉网络以及市场知识的能力。管理好家族和非家族股东之间的关系需要进行透明沟通，构建明确的决策结构，清晰界定各方角色。

其他所有权方面的复杂问题和所有权安排：
控股公司、家族企业集团和信托公司

随着时间的推移，家族成员可能会有机会在原始家族企业之外创建其他组织。当出现这种机会时，家族所有者及其亲属需要考量如何构建所有权，以便维持对现有以及新组织的控制。倘若控股家族在投资者保护力度有限或者制度支持不足的环境中运营，采用金字塔所有权结构就成为一个颇具优势的选择，因为它能够让家族策略性地掌控附属公司。金字塔所有权结构内部的所有权链条为家族

所有者提供了一种机制，用来管理多元化家族企业集团的财务风险与潜在回报。借助金字塔所有权结构，控股家族能够在不丧失控制权的情况下满足扩张家族企业集团的财务需求。

所有权安排即便在中型企业中也可能变得极为复杂，通常会致使所有权结构分化为两个或者更多层级。这种控股公司的结构具备若干功能，包括强化控制、在家族所有权与企业之间构建屏障、简化决策流程，以及在不放弃控制权的情况下引入外部合作伙伴。

家族企业集团是由多元化关联企业（子公司）构成的商业实体，它依托金字塔所有权结构、基于家族纽带的紧密市场联系以及代际传承机制，通过跨行业布局与国际化战略实现规模经济与范围经济效应。在金字塔所有权结构下，创业家族能够有效控制境内外多家子公司。此类结构中，家族通过持有集团内其他企业的股份间接掌控子公司，从而以相对有限的直接持股比例，实现对多个子公司的战略控制。

为了方便管理公司股份，确保股东与家族企业管理层之间的平衡关系，通常会设立控股公司。控股公司由家族成员构成，所有家族分支都能得到均衡代表，同时也包括少数非家族成员，比如独立董事，以缓和家族内部和外部的冲突。众多家族所有者有着不同的利益诉求，由此产生的复杂局面需要协调各方利益，缓解"家族大股东冲突"。

创业家族处理冲突的一种方式是构建家族信托，将家族所有者与其企业资产分隔开来。信托是一种灵活且适应性强的法律工具，能够将资产所有权与家族成员相分离。信托起源于普通法，在一些大陆法系的司法管辖区也被采用。家族企业所有权中存在信托可确保企业的法定所有权与受益所有权相互分离。信托涉及委托人、受托人和受益人，有时还会有保护人。委托人通过设定权利与义务来设立信托。受托人管理资产，受信托责任约束，并将其与个人资产区分开来。受益人（通常是配偶或后代）依据信托条款享有权利，包括获取收益和财产转让，但会失去对置于信托中的资产的权益，并且对受托人控制有限。委托人可以指派保护人监督受托人，以确保他们依据委托人的意图做出明智且合乎道德的决策。当家族成员在掌控企业方面缺乏经验或能力，或者不太可能就企业的运营方式达成一致意见时，信托是一种有利的方式。

在大陆法系国家，家族还可以设立基金会，虽然基金会主要是为公共利益和慈善而设立的，但也能达成类似信托的功能。我们将在第 6 章详细探讨。

在家族企业中扮演所有者的角色

家族企业持续演变，近年来出现了一个"负责任的所有权"的新概念，这一转变反映出社会的变化。在联合国《2030 年可持续发展议程》中，"负责任的所有权"已超越了传统的受托责任范畴，影响还涉及环境、社会以及治理等多方面。这种更广阔的视角要求家族所有者去应对诸多伦理问题，诸如利益冲突、负责任的商业实践以及伦理的模糊性等。这些问题重新界定了家族所有者的责任范围，使其不再局限于家族和利益相关者，而是拓展到更为广泛的社会问题层面。

从个人层面来看，家族企业所有权所带来的利益与牺牲之间存在着微妙的平衡。所有权是一种机遇，能提供特权、财富、广泛的人脉网络以及排他性优势，但也伴随着牺牲，因为身为所有者意味着需要投入时间，妥善处理工作与家庭生活之间的微妙平衡，承担财务风险，应对决策压力。所有权的责任不仅关乎个人利益，还涉及员工的生计，以及企业自身的健康发展，决策压力同样会令人心生畏惧。所有者所做出的决策会在家族关系中产生连锁反应，其影响不仅局限于企业，还会影响创业家族内部的和谐氛围。

家族企业的所有者并不是一个被严格界定的角色。与传统的工作角色不同，家族企业所有者的责任与期望丰富多样，往往缺乏明确的界限，因此所有者很难确切理解自身需要培养哪些能力。家族所有者是各具特色的个体，在所有权群体中各自承担着不同的角色与责任，每位所有者都需要理解这些不同角色，明晰自身的角色与责任，并培养与之相匹配的能力。所有者面临的关键问题在于如何在三个要素之间达成微妙的平衡：拥有什么（匹配能力）、何时拥有（择时能力）以及如何拥有（治理能力）。[3] 图 4-1 展示了已经成为或即将成为家族企业所有者时可考虑的备选方案。

	备选方案		
所有权能力	匹配能力（拥有什么）	择时能力（何时拥有）	治理能力（如何拥有）
所有权方式	保管人		企业家
所有权权利	无投票权的		有投票权的
所有权活动	被动的		主动的

图 4-1 在家族企业中成为或即将成为所有者的可能备选方案

所有权超越了有形资产的范畴，还囊括无形资产，诸如关系、声誉以及与企业历史的深厚渊源等。这种共同的家族历史，若能得到充分阐释，将会营造出一种超越传统所有权的独特归属感。然而，无论是有形资产还是无形资产，都伴随着各种挑战。家族企业所有者倾向于从长远视角看待问题，深知其决策对家族和企业的遗产及未来走向的影响。

成为负责任的所有者

成为负责任的家族股东包含五个关键要点。第一，需要明确支撑家族与企业的价值观，价值观作为创业家族的指导原则，将塑造企业的战略方向。第二，负责任的家族股东应将这些价值观转化为切实可行的战略目标，为企业尤其是董事会提供清晰明确的路线图。第三，问责制至关重要，所有者必须要求高管对实现这些目标负责，并确保其与总体愿景保持一致。第四，理解企业复杂的财务状况和价值驱动因素很重要，具备财务敏锐度能够使所有者做出明智决策，提升企业的经济可持续性。第五，正念是负责任家族所有者常忽视，却又极为关键的品质。正念是指全身心地活在当下，敏锐感知当前状况并考量决策可能产生的潜在后果。正念有助于做出更为优质的决策，同时兼顾短期收益与长期影响。

在这个彼此关联的世界中，"负责任的所有权"的关键是承诺产生积极的社会影响。我们将在第6章详细探讨家族如何对社会产生影响。如今，所有权承载着对广大社区的深切责任感，这给有志成为所有者的个人带来了几个根本性的问题：在这个时代成为所有者究竟意味着什么？家族所有权应如何为更广泛的社区做出积极贡献？家族成员在担任所有者角色时发生了哪些变化？

创业家族面临的一个关键困境是理解"负责任"的内涵。如果某些家族发现自身所涉足的企业与当代社会责任观念不符，例如那些造成环境污染的企业，一些所有者会选择出售此类企业，投资于可持续发展型企业。这种选择会引发一个伦理困境：出售企业是否为负责任的选择？家族是否应当承担责任，引领企业向可持续商业模式转型？这一伦理困境促使家族思考道德义务，引导企业采取更负责任的做法，而不是选择出售并放弃责任。

解释所有者的角色

家族成员可能会以不同的方式诠释他们作为所有者的角色。一些所有者扮演保管人的角色，"我们拥有这家企业，并不意味着它只属于我们"，这句话精准地指出了这种更高层次目标的本质。与这种理念相契合的核心主题是家族企业要实现长久发展，即超越当前负责的这一代。也就是说，企业并非家族所有者的私有财产，家族所有者需要精心呵护它，最终传承给下一代，并承诺为未来的保管人留下更好的资产。家族成员也需要以创业心态来诠释他们的角色，将自身的所有权视为一种责任，在家族企业中塑造自身的命运。这种观点通常需要新一代采取更为大胆的行动，确保所有权群体的多样性。如果所有者认同保管人理念，那么他们就更有可能将所有权与企业资产相分离，例如设立信托公司或基金会，我们将在第6章详细探讨这个话题。

所有者在家族企业中持有不同类型的股份，每种股份在参与股东大会、投票以及分配股息等方面享有不同的权利。第一种类型是有投票权的股份和无投票权的股份。有投票权的股份赋予所有者发言权，使其有权参与股东大会并进行战略决策，例如投票选举董事会成员。无投票权的股份则允许股东投资企业并从股息中获益，但无须参与决策过程。例如，当家族成员期望在不削弱家族控制的情况下从外部筹集资金时，可能会发行无投票权的股份。另一种类型是创始人股份，它通过赋予创始家族成员权力与影响力，来认可他们对企业的历史贡献，而不论其实际持有的股份数量。这些类型的股份所附带的权利通常取决于股东协议中的相关规定。此外，特别投票权的股份可能仅赋予特定所有者在某些关键决策（例如传承或修剪家族树）上的投票机会，从而使特定股东或股东群体在重要决策过程中有表达意见的权利。

不同的家族企业拥有不同的股份类型。当企业创立时，其创始人及法律顾问会在公司章程或细则中界定股份结构，以及每种类型股份所附带的权利。此外，管理股份类型的法律法规会因司法管辖区的不同而存在差异。再者，家族所有者可能依据自身的能力和兴趣，扮演被动所有者或主动所有者的角色。被动的家族所有者如同投资者一般行事，仅持有股份并获取股息，而不积极参与企业事务。与之相反，主动的家族所有者深度介入企业运营，确保企业行为合乎规范，并经常在董事会任职。每个家族成员，无论其直接参与程度如何，都需要理解主动与被动所有权之间的差异。主动所有者与企业紧密相连，从长远角度做出决策，并平衡家族、企业以及其他利益相关者的需求。被动所有者同样承担着重要责任，如守护遗产并确保企业的财务可持续性，他们可以通过提供咨询意见、道德监督以及战略指导来参与企业事务。图4–1总结了潜在所有者在决定自身想要成为何种类型的所有者时，应考虑的所有权能力、方式、权利以及活动的不同组合。

成为负责任的所有者需要深入了解家族企业的历史、价值观以及愿景，它们能够为决策提供依据，使决策者得以从整体视角综合考量过去、现在与未来。培育所有权文化很重要，下一代应尽早接触所有权责任和指导计划，并早一点参与所有权会议。家族内的关键人物发生意外，会破坏家族企业所有权结构的稳定性。如今，成为负责任的所有者被视为一个终身学习、技能发展以及遵循道德准则的漫长旅程。量身定制的教育计划对于下一代承担负责任的所有权极为关键。我们将在第7章详细论述这些内容。

行动框4A：评估家族企业所有者的能力

目标

成为负责任的家族企业所有者，意味着有能力为企业、创业家族及其利益相关者创造价值。这就要求具备能够培养和提升的能力。所有者需要三种能力：与创业技能以及评估有价值的资源组合相关的匹配能力、与借助激励措施和组织设计激发并吸引他人相关的治理能力，以及在恰当的时间做出正确决策的择时能力。参考图4-2的评估清单。以下测试旨在协助您明确作为家族企业所有者自身有信心具备的能力，以及有待加强的能力。请独自完成此项练习，随后思考反思问题。

		基本	中级	高级	专家
匹配能力	我能协助界定我们的家族企业的目标	☐	☐	☐	☐
	我能预见到我们如何整合家族企业的资源以创造价值	☐	☐	☐	☐
	我能设想家族企业未来可能出现的其他情形	☐	☐	☐	☐
	我能找出为达成新目标重新配置资产的可行方法	☐	☐	☐	☐
治理能力	我认识到自己作为所有者对风险的态度	☐	☐	☐	☐
	我清楚那些精心设计的激励机制和授权安排是如何使家族企业能创造价值的	☐	☐	☐	☐
	我能依据自身的风险承受能力确定正确的激励措施	☐	☐	☐	☐
	我明白股息是否与我们期望追求的机会相契合	☐	☐	☐	☐
择时能力	我清楚何时是进入或创办新企业的恰当时机	☐	☐	☐	☐
	我清楚何时是退出企业的恰当时机	☐	☐	☐	☐
	我能确定在所有权群体中谁能在合适时机识别机会	☐	☐	☐	☐
	我明白大股东是否以及何时是"最佳所有者"	☐	☐	☐	☐

图 4-2　所有权能力评估清单

反思问题

- 您最强的能力是什么？
- 其他股东具备哪些能力？
- 您的股东群体的能力之间是否存在互补性？

所有权治理

在有控股股东的家族企业里,首席执行官有可能同时是主要所有者或唯一所有者,此时董事会有一个合格的独立董事就够了。随着家族企业代代传承,并采用不一样的所有权结构,一套更复杂的治理框架就显得不可或缺了。当家族变得愈加复杂时,引入家族委员会与董事会便成为必然之举。在所有权愈加分散的情况下,除了董事会和家族委员会之外,还需要股东大会。在企业发展初期,创业家族常常将管理与治理混为一谈,但随着企业的逐步发展、股东数量的增多以及管理复杂性的提升,这种处理方式已难以满足需求。

在股权非常分散的家族企业中,所有权可能呈现出更为多样化的态势,股东类型多样,包括非家族所有者,他们各自都有着独特的文化背景与价值观。在当今全球化的大背景下,家族结构已然发生演变,诸如离婚、再婚等复杂情况的出现,丰富了家族企业的格局,这种多样性为决策流程带来了全新的视角与创新的思路。与此同时,多样性也带来了诸多挑战,这就需要灵活的所有权结构,以适应广泛的股东目标与需求。

深入探究家族所有权,就会发现存在着复杂的情感动态,包括兄弟姐妹间的竞争、家族参与程度的差异,以及与拥有企业责任相伴而生的情感负担等。[4]这些情感上的复杂性是所有权的重要组成部分,它们塑造着家族互动模式,并对关键商业决策产生影响。要有效管理家族规模扩大与多样化所引发的复杂性,精心设计的治理结构与协作式决策机制必不可少，在所有权分散的情形下，这些机制对于确保家族团结起着至关重要的作用。当发生所有权冲突时，基于共同价值观与开放沟通的解决框架非常重要，能够在所有权争端期间维护家族的团结。

从本质上讲，家族企业在一个多层面的格局中运作，其中治理结构、情感动态以及冲突解决策略紧密相连。治理机制的适应性、对多样化家族结构的理解，以及有效的冲突管理，是确保家族企业世代成功与保持凝聚力的基本要素。所有权治理的关键要素包含股东大会、所有权战略以及股东协议。

股东大会

除了法律规定的义务之外，股东大会还是深入探讨企业战略方向并明确所有权战略的重要平台。家族所有者在家族企业中往往倾向于采用非正式且缺乏条理的沟通方式，但随着股东群体复杂性的不断增加，探讨所有权问题常常伴随着一系列挑战，构建所有权治理体系也就意味着要创造出适宜的讨论空间。发起此类对话需要老一辈以开放和理解的态度对待年轻一代，透明的沟通在打破沟通障碍、化解那些未被言说的担忧（犹如"房间里的大象"般存在）方面起着关键作用。营造一个让家族成员能够自在地讨论所有权问题的环境，对于实现家族企业的平稳且高效过渡至关重要。在股份由信托持有的家族企业中，治理结构需要在家长式监督与受益人赋权之间达成平衡。受托人与受益人之间透明的沟通渠道，再加上定期召开会议，能够填补信息差距，确保决策过程信息充分，而且具有包容性。认识到家族结构的变化格局同样重要，因为现代家族呈现出离婚、再婚以及多重关系等特征，这为所有权讨论带来了独特的视角。增加丰富多样的经验与观点，接纳多样性的视角，能够充实决策过程。

参加股东大会年度会议的股东往往不太愿意提问，或者与领导层进行对抗，这种不情愿的态度使得他们无法充分理解企业绩效对自身利益的重要性，以及对其经济利益的保障程度。对企业的问题缺乏了解，可能引发另一个问题，那就是家族所有者丧失（甚至从未形成）"心理所有权"，即对企业缺乏强大的控制感、影响力与归属感。为了提升沟通的有效性，家族可以举行会前会议，这可以提供一个深入探讨的平台，成员们可以在会上弄清楚事实，并表达自身的担忧。会前会议能够营造出一种相互理解的氛围，为富有成效的正式会议奠定基础。股东大会向股东提供清晰、简洁且全面的信息同样重要，相关信息不仅应当聚焦于财务指标，还应当深入探究战略愿景，并阐释关键决策背后的缘由。

随着家族分支的不断扩展，股东们往往会将所有权问题委托给所有者理事会，所有者理事会每月或每季度召开一次会议，理事会在股东大会期间代表股东发声。所有者理事会包含家族成员代表，也会有外部人士，他们协助将所有者的想法传达给董事会，审查企业绩效并向股东大会进行汇报。股东大会是所有者行使法律权利的平台，每年至少召开一次，当有重大决策（例如重组、大股东退出）需要商议时，还可以举行临时股东大会。股东大会通常处理的事项包括：批准预算与利润分配，任命及确定董事与审计师的薪酬，审查董事的工作绩效并决定采取措施。此外，股东大会还会根据法律规定做出两种会议决策：投票，即每张选票依据所持投票股份的百分比进行加权；发言，即非投票参与者，如无投票权股份持有者，也能够参与讨论。

股东大会秉持透明度并致力于包容性，确保所有权讨论不只是履行法律义务，而是能够成为塑造企业命运的变革性对话。创业家族通过接纳家族结构的复杂性，促进开放沟通并运用创新工具，应对所有权传承过程中的挑战，确保家族遗产能够在世代间传承并产生深远影响。在数字时代，数字技术的运用对于确保这些关键对话不受代际差异或地理距离的阻碍至关重要。虚拟会议、协作平台以及数据可视化工具能够提升透明度与参与度，使家族成员无论身处何地，都能够积极参与所有权讨论。

所有权战略

家族企业往往侧重于制定业务战略，明晰企业在中长期的发展目标，但较少有家族所有者会制定自身的所有权战略。制定一项全面的所有权战略，充分考量每位所有者独特的能力、目标与期望，是极为关键的。通过专注于所有权的发展与传承规划，家族企业能够构建持久的竞争优势，确保企业在世代传承中持续取得成功。借助所有权结构，家族所有者能够从战略层面强化家族对企业的掌控。

所有权战略中需要考量的要素包括所有权设计、所有权开放程度、股息政策、重组、买卖等。此外，所有权战略的制定需要明确评估企业绩效的指标，这些指标必须与所有者的目标相一致。基于关键绩效指标与相关阈值，所有权战略还需界定相关的激励措施与薪酬方案，其中可能涵盖股票期权等机制。

除了这些绩效指标，所有权战略还需确定所有者愿意在多大程度上牺牲财务绩效以达成非经济成果，如维护家族控制、家族团结以及其他社会情感方面。一项清晰明确的所有权战略不仅能够保护家族的遗产，还能够引领企业迈向可持续且繁荣的未来。在更侧重于传统业务战略的情况下，所有权战略常常被忽视，但它实则同等重要，通常会在股东协议中予以正式确定。

股东协议

股东协议明确了股份转让的条款、投票规则以及信托在整体所有权结构中所起的作用。即便家族成员之间关系融洽，也应当预见到后代中部分兄弟姐妹或堂亲可能会出于财务方面的考量而希望出售股份。股东协议对于防止家族所有权被稀释起着至关重要的作用，尤其是在上市公司中，外部各方可能会试图获取控制权。建立家族内部股份出售机制能够确保企业始终掌握在家族手中，并有效阻止向可能带来破坏的外部人士出售股份。

预先商定家族内部股份出售的条款，能够避免潜在争端致使家族分裂并动摇企业根基。例如，此类协议可能规定若设立了赎回基金，股份应卖回给企业，或者可能包含"优先购买权"条款，要求出售者在寻求外部买家之前先向家族成员出售股份。股东协议规定了向姻亲转让股份的准则，并且可能禁止这种做法以防止所有权分散到家族边界之外。股东协议的有效期一般为10年。

为了避免出现僵局，确保下一代能够顺利接手成为实际所有者，上一代应当签订所有者间协议。这些协议概述了后代成为主动所有者的机会，涵盖以下内容：每个家族分支可在董事会任职的家族代表数量，所有者之间的角色与责任划分，向参加股东大会的人员通报议程、高管薪酬细节、非出席股东的投票协议的委托声明，股份转让政策，家族所有者的薪酬结构，以及解决家族所有者之间潜在冲突的协议。第2章中所描述的家族宪法能够解决部分与家族所有权相关的问题，在一定程度上被纳入股东协议之中。

行动框4B：制定你的股东协议

🎯 目标

　　既然您已经认识到所有权治理的重要性以及将股东大会决策予以正式化的必要性，那么接下来的关键步骤便是起草股东协议，以此界定所有者的权利、责任与义务。以下是一些有助于您思考股东协议制定的问题。

- 哪些人可以持有股份？例如，姻亲能否拥有股份？家族成员是否可以向外部出售股份？是否存在优先购买权？
- 多数股东与少数股东分别享有哪些权利？
- 我们是否需要对股份买卖与转让加以限制？可以确立哪些规则？
- 董事会将如何选举产生？关键绩效指标是什么，我们又将怎样规范董事的薪酬？
- 我们是否准备采用股票期权来奖励高管，从而使他们的目标与我们的目标保持一致？
- 所有权群体将如何做出战略决策（例如收购、大股东进入、重大融资、资产出售）？我们是否需要制定相关协议？
- 我们是否要设定债务/现金授权额度？

- 股息政策是怎样的（例如多少比例的股息将用于再投资或分配）？
- 我们是否要有关于雇用家族成员的政策？

通过对这些问题展开讨论并达成共识，股东能够明确自身在组织内的角色与权利。制定股东协议有助于在面临挑战与变化时，维持和谐且富有成效的商业环境。

创业家族星系中更广泛的所有权治理

创业家族星系应当精心设计治理体系，以保障家族股东的长期利益，确保每个星系组织能够实现可持续成长，增进家族的和谐与福祉。有些创业家族试图借助董事会来做所有权决策，或者依靠家族委员会来做出商业决策，这种做法具有误导性，容易引发混乱。还有些创业家族试图分割家族对星系组织的影响力，从而在行使家族所有权方面留下真空。创建开放讨论的论坛显得尤为关键，在论坛中可以公开探讨商业、股东以及家族的相关问题，同时构建一个总体治理体系。论坛在实现信息流通与透明化的同时，使创业家族星系中各个治理体系的目标相契合。图4-3展示了创业家族星系中的集成治理体系，详细说明了每个体系的要素与相应成果，而图4-4则从治理机构、关键活动以及成员三方面对不同治理类型进行了概述。

随着所有权的复杂性不断提升，创业家族在讨论中预留出时间来反思当前与未来的所有权结构，以及所有者对于家族和企业关系的整体处理方式变得极为关键。需要特别提醒的是，当涉及外部风险投资等新元素时，创业家族开展单独且正式的所有权与管理讨论显得至关重要。家族企业传承是一项关键挑战，随着所有权在家族中深度扎根、不断扩展并愈加复杂，平衡具有不同目标与价值观的亲属之间的关系变得不可或缺。另外，高层管理者的变革会促使治理机制发生变化，董事会或高级管理职位的准入问题也会随之出现，这需要精妙的治理体系。大多数家族企业的从业者关注组织内的传统等级制度，但要探索复杂性的源头，从更广泛的创业家族星系视角看会更加清楚（见图 4-3）。

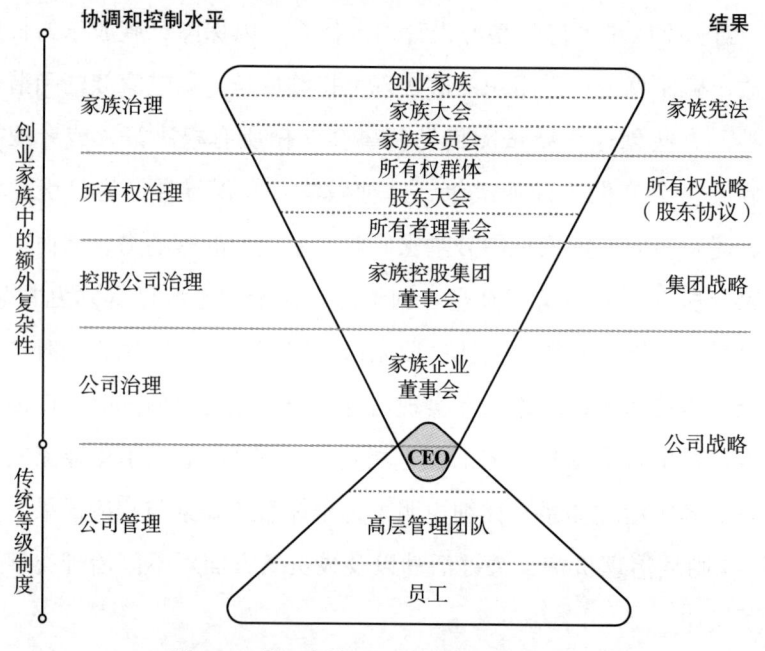

图 4-3　创业家族星系中的集成治理体系

治理类型	治理机构	关键活动	成员
家族	家族委员会	·管理企业和家族互动的家族政策 ·下一代的成长和参与	后代、配偶、下一代成员
所有权	股东群体/股东大会家族信托公司	·制定所有权战略 ·管理股东的进出 ·定义关键价值观	所有者、受托人、受益人
控股公司	董事会	·制定和监测企业战略 ·向股东群体报告	董事、顾问
公司	高层管理团队	·管理企业运营 ·向董事会报告	首席执行官、经理
财富	家族办公室 家族基金会 家族信托公司 家族投资公司 家族银行	·投资决策 ·资产分配 ·家族官员薪酬	家族和非家族官员

图 4-4 创业家族星系中治理类型概述

创业家族需要梳理清楚其在不同治理体系中所扮演的多个角色，这一点也颇有挑战性。当同一家族成员参与不同的治理体系时，通常会引发多重角色身份冲突，弄清楚创业家族的角色尤为关键。[5] 创业家族设计其所有权治理时，并没有一般性规则，每个家族都应依据自身的目标与特征确定最佳的可行解决方案。图 4-5 提供了一个示例，这个示例应当被视作一种启发，旨在激发创业家族去想象并批判性地思考：所有权治理如何融入其家族星系中的治理框架？我们也鼓励创业家族深思熟虑地规划，实施有助于代际家族繁荣的治理结构。

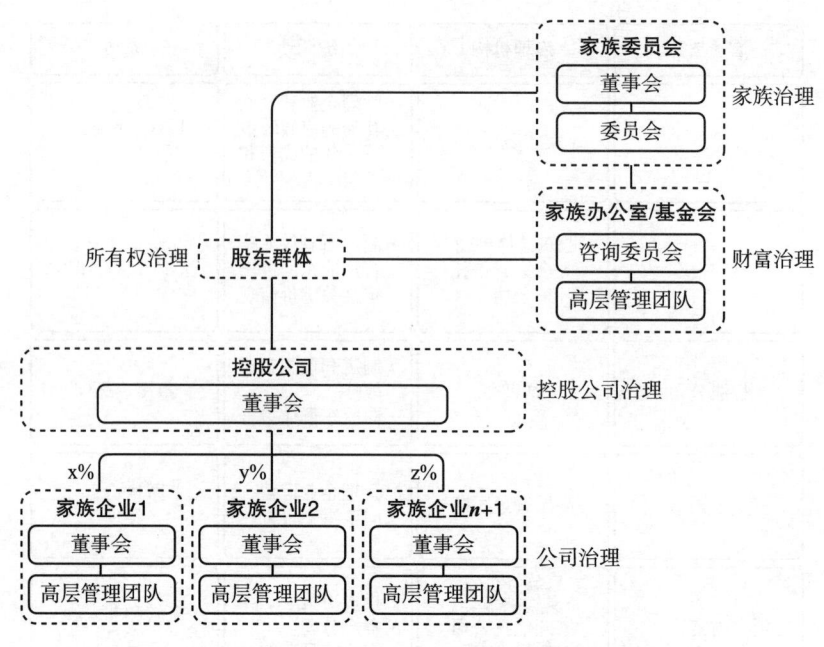

图 4-5　创业家族星系中治理类型的配置示例

本章要点

1. 对所有权的全方位理解：家族企业所有权并非局限于股权，它还涵盖了价值观、遗产、关系并与创业家族历程紧密相关。
2. 借助沟通应对复杂性：家族所有者之间开展透明沟通对保持团结极为关键，公开探讨诸如所有权过渡以及企业战略等敏感问题，能够为做出明智决策奠定基础，并预防那些可能危及家族和谐与企业繁荣的潜在冲突。

3. 家族所有者的不同角色选择：家族所有者在股东群体中可扮演主动或被动角色。不管是哪种角色，他们都需要理解企业或其他星系组织的复杂性，并做出有意义的贡献。
4. 在成为家族所有者方面存在多种可考虑的选择方案，包括所有权能力（匹配、择时和治理）、所有权方式（保管人与企业家）、所有权权利（无投票权与有投票权）、所有权活动（被动与主动）的不同组合。
5. 所有权治理：构建有效的治理结构，如董事会、家族委员会和股东大会，能够确保家族所有者的诉求得到倾听，并促进稳定性与一致性。
6. 股东协议的规范化：正式文件包括股东协议和家族宪法，它们提供了一种结构化框架，有助于避免争端的产生，尤其是在家族所有者有意出售股份时。这些协议明确了股份转让、投票、所有者薪酬以及其他所有权相关问题的规则。
7. 在创业家族中，从企业视角转换为星系视角会引入额外的复杂性：家族治理、所有权治理、控股公司治理、公司治理、公司管理。

值得反思的关键问题

1. 你的家族对于家族企业的长期愿景是什么？你将如何协调自身的价值观与目标以保障家族企业的延续性？
2. 在未来10年里，你期望成为何种类型的所有者？你是否考虑向非家族股东开放所有权？若如此，应通过何种方式开放（首次公开募股、私募股权等）？

3. 你如何有效地平衡所有权责任（诸如财务决策与战略规划）以促进你的家族关系稳固与和谐？

4. 你应当构建哪些治理体系或机制来管理所有权的复杂性以及参与企业（和家族星系中的其他组织）的家族所有者之间的关系？

5. 你能够采取哪些举措来促进家族所有者之间的开放沟通、透明度与信任，以确保决策的顺利推进以及所有权的成功延续？

延伸阅读

De Massis, A., Eddleston, K.A., Hatak, I., Humphrey, R.H. and Tang, Y. (2023) Emotions in the strategic management of family business organizations: Opening up the black box. *Long Range Planning*, 56(5), 1–10.

De Massis, A., Kotlar, J., Campopiano, G. and Cassia, L. (2013) Dispersion of family ownership and the performance of small-to-medium size private family firms. *Journal of Family Business Strategy*, 4(3), 166–75.

De Massis, A., Kotlar, J., Mazzola, P., Minola, T. and Sciascia, S. (2018) Conflicting selves: Family owners' multiple goals and self-control agency problems in private firms. *Entrepreneurship Theory and Practice*, 42(3), 362–89.

De Massis, A. and Rondi, E. (2022) Do I want to assume active ownership responsibilities for our family business? In *Enabling next generation legacies: 35 questions that next generation members in enterprising families ask* (pp.

84-87). Family Enterprise Knowledge Hub Publishing.

Kotlar, J., De Massis, A., Frattini, F. and Kammerlander, N. (2020) Motivation gaps and implementation traps: The paradoxical and time-varying effects of family ownership on firm absorptive capacity. *Journal of Product Innovation Management*, 37(1), 2–25.

Schweiger, N., Matzler, K., Rapp-Hautz, J. and De Massis, A. (2023) Family businesses and strategic change: The role of family ownership. *Review of Managerial Science*, in press.

注 释

1. 为避免不必要的复杂性，我们在此提及家族企业的所有权，但我们的观点同样适用于创业家族星系中的任何其他类型组织。
2. 正如我们稍后将解释的，并非所有发行的股票都具有投票权，有些股东可能持有无投票权的股份。
3. Foss, N.J., Klein, P.G., Lien, L.B., Zellweger, T. and Zenger, T. (2021) Ownership competence. *Strategic Management Journal*, 42(2), 302-28.
4. 关于创业家族背景下情感研究的综述，见 De Massis, A., Eddleston, K.A., Hatak, I., Humphrey, R.H. and Tang, Y. (2023) Emotions in the strategic management of family business organizations: Opening up the black box. *Long Range Planning*, 56(5), 1-10.
5. Bettinelli, C., De Massis, A., Singal, M. and Davis, J. (2023) From family director pathos to board ethos: Managing multiple role identity struggles in the boardroom of family firms. *Journal of Management Studies*, in press.

The Family Business Book

第 5 章

管理家族财富与运营家族办公室

- 4.成为并发展负责任的家族所有者
- 6.推动家族参与慈善及社会影响项目
- 3.管理家族企业并理解其独特行为
- 5.管理家族财富与运营家族办公室
- 2.培育家族同时繁衍新家族
- 7.培养下一代并管理传承
- 1.创业家族星系

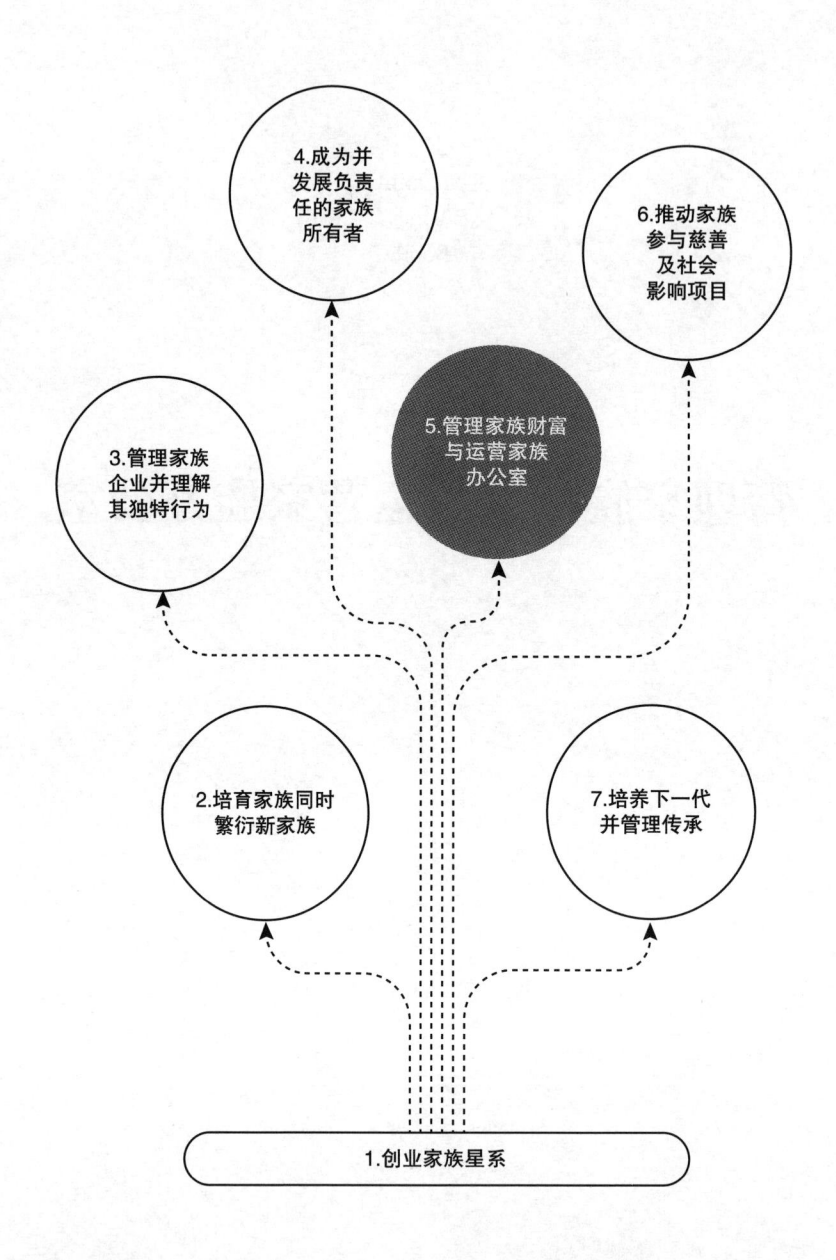

创业家族的财富不局限于金融资产，还涵盖了每个家族成员所特有的各种资本与资产。管理家族财富意味着需要识别投资机会、严谨评估风险，密切监控投资绩效，实现财富的保值与增值。家族成员数量的增长速度往往远超财富的增长速度，加上通货膨胀等因素，财富价值可能会随着时间推移而被侵蚀。家族财富管理对于创业家族及其星系组织的长期财务可持续性至关重要。不过，很多家族成员并未从财富管理的视角去审视他们的创业家族和星系组织，他们通常主要聚焦于企业层面，轻视了财富保值与增值的重要性，或者将财富管理事务委托给顾问，从而没有从创业视角对财富有清晰的认知。

在本章中，我们深入探究创业家族中的财富概念，同时也考量了偏好资产[一]与财富管理。我们还着重强调了培育家族投资者的重要性，并探索了在星系中可用于管理财富的组织，诸如家族办公室、家族投资公司、家族孵化器、家族银行以及家族房地产公司。

创业家族中的财富

家族成员对于财富可能持有不同的态度。部分家族成员将财富视作个人拥有的东西，认为自身没有为后代保存与传承财富的义务，坦然接受财富可能在自己这一代终结的情形。与之相反，其他

[一] 偏好资产的英文为 passion asset，偏好资产是指投资者在进行投资决策时，基于自身的风险承受能力、投资目标、财务状况、个人喜好等因素，而表现出特别倾向或喜好选择的某一类或某几类资产。——译者注

成员则可能深感有责任守护财富，认为自身有义务对其进行管理并传递给继承人。这两种截然不同的态度可能在同一个家族内部同时存在：一些着眼于长期发展的成员更关注财富管理，而另一些短期导向的成员则更倾向于从财富中获取利益。鉴于家族成员对财富的态度存在差异，构建包容这些态度、鼓励多样性并使财务与非财务遗产得以延续的结构与流程显得尤为关键。对于创业家族而言，培育家族投资者，即那些作为财富管理者与创造者的家族成员同样意义非凡。我们的研究表明，经济衰退、流动性挑战、通货膨胀、地缘政治挑战以及新型风险等因素，使得创业家族的财富与流动性问题愈加凸显，培育家族投资者在当下显得尤为关键。

如果家族财富不仅仅是金钱，那它还包含哪些内容呢？创业家族的财富包含金融资产，例如投资与现金、房地产、企业、股权，以及知识产权（专利、商标、版权）和偏好资产。偏好资产涵盖了各类通常与个人爱好和情感价值紧密相连的资产，诸如汽车、奢侈品、艺术品和收藏品、房地产等（见图 5-1）。

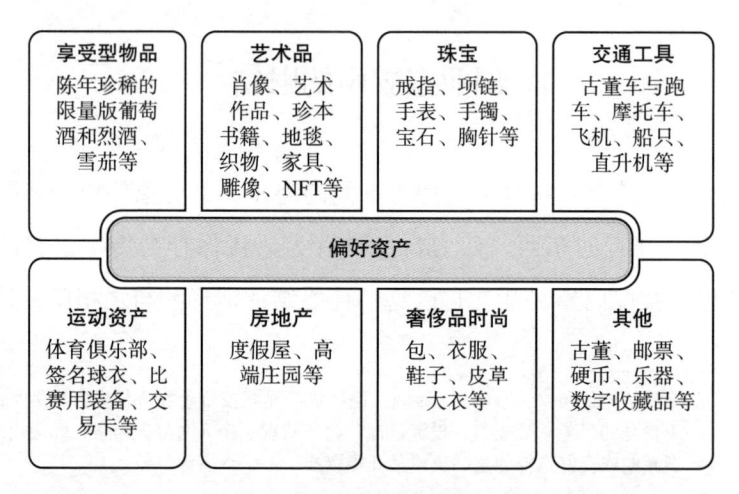

享受型物品	艺术品	珠宝	交通工具
陈年珍稀的限量版葡萄酒和烈酒、雪茄等	肖像、艺术作品、珍本书籍、地毯、织物、家具、雕像、NFT等	戒指、项链、手表、手镯、宝石、胸针等	古董车与跑车、摩托车、飞机、船只、直升机等

偏好资产

运动资产	房地产	奢侈品时尚	其他
体育俱乐部、签名球衣、比赛用装备、交易卡等	度假屋、高端庄园等	包、衣服、鞋子、皮草大衣等	古董、邮票、硬币、乐器、数字收藏品等

图 5-1　创业家族偏好资产示例

家族成员投资偏好资产，能够在追求经济目标的同时兼顾非经济目标，因为这些资产不仅是纯粹的金融工具，更有助于实现个人享受与满足感。偏好资产具备多元化、增值潜力以及提升幸福感等优势，同时也有诸如流动性不足、估值不确定、贬值以及市场波动等风险。有意投资偏好资产的投资者应当审慎评估自身的财务状况、风险承受能力以及投资目标，并寻求经验丰富的专业人士的指导，以便做出明智的决策。行动框5A旨在激发对创业家族偏好资产的系统性思考。

尤其需要注意的是，家族财富需要精心管理、风险评估并构建治理机制，例如在星系中创建特定组织，以此协调并协同星系内的资源流动。我们将在后续部分深入探讨这些方面。

行动框5A：你的偏好资产是什么

🎯 目标

本活动旨在协助创业家族成员识别并梳理他们的偏好资产，区分个人（我的）与集体（我们的）资产。继承而来的偏好资产往往容易被低估，原因在于继承人可能与先辈没有相同的兴趣爱好，因而不清楚如何评估这些传家宝。顾问能够帮助您了解偏好资产的内涵、评估方法以及如何长期维系其情感与财务价值。本行动框的目标是打造一个偏好资产愿景板。

👥 参与者

所有家族成员。

主持人

我们建议由非家族成员担任主持人，例如外部顾问，但部分创业家族可能更倾向于由家族投资者承担此角色。

时长

两小时。

所需材料

为每位家族成员准备一张大纸（于复制图 5-2）、彩色马克笔与便利贴，每个家族成员都有的小笔记本或单页纸、活动挂图。

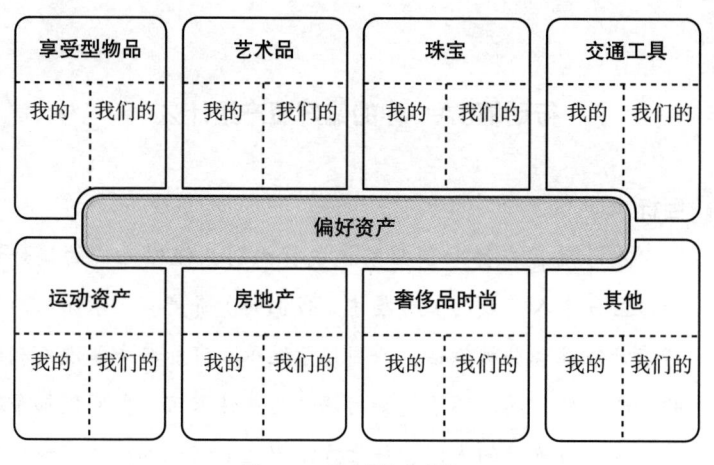

享受型物品	艺术品	珠宝	交通工具
我的 | 我们的	我的 | 我们的	我的 | 我们的	我的 | 我们的

偏好资产

运动资产	房地产	奢侈品时尚	其他
我的 | 我们的	我的 | 我们的	我的 | 我们的	我的 | 我们的

图 5-2　偏好资产框架

流程

第一步——介绍：简要阐释偏好资产的概念，着重强调将家族利益与潜在投资机会相结合的价值。

第二步——反思：每位家族成员应复制图5-2，并罗列他们的偏好资产以及整个家族群体的偏好资产，将个人拥有的（我的）与属于家族共同体的（我们的）进行分类。

第三步——分享与讨论：所有成员分享他们的清单以及偏好资产背后的故事。注重开放沟通与积极倾听。每位家族成员可提供代表其偏好资产的图像或符号，以此培育共同的身份认同感。随后主持人鼓励他们探索这些资产如何为每个人的幸福感与满足感做出贡献，并探讨将个人偏好资产与更广泛的家族目标及价值观相融合的可行方式。是否存在将这些偏好资产融入家族活动、传统或慈善事业的机会？

第四步——制订家族情感计划：依据讨论结果与所获见解，共同制订一个家族情感计划，将个人兴趣融入一个具有凝聚力的家族叙事之中。作为共同兴趣的可视化呈现，可以考虑汇总单独编制的图5-2来创建一个偏好资产愿景板。探讨偏好资产维护的财务层面，考量持续成本与潜在回报。鼓励家族设定与偏好资产相关的集体目标。这可能包括创建一个共享空间用于展示收藏品、围绕共同兴趣规划家族活动或探索契合共同偏好的联合投资。

家族财富管理

传统的财富管理通常聚焦于个人客户，但创业家族的财富管理往往需要应对管理与传承家族财富过程中所产生的独特挑战与机遇。世界各地的财务顾问都被要求满足高净值个人[1]（HNWI）的新需求与既有需求，但管理创业家族群体的集体财富远比管理个人财富更为复杂。尽管富有的个人能够独立做出决策，但高净值家族通常共同拥有资产，这就需要更多的时间来协调，确定如何管理共同拥有的资产。家族财富管理的关键构成要素如下所示。

1.资产管理：对家族资产进行战略配置、整合与监控，在降低风险的同时获取回报。投资决策涉及个人、家族或企业资产，整体投资策略依据创业家族的财务目标与风险承受能力量身定制。

2.税务规划：利用税收优惠政策，确保家族与企业遵守相关税收法规，包括确定适宜的制度框架以最大程度减轻税务负担。

3.财富规划：在最小化遗产税的同时，规划家族财富与资产向下一代的转移，涵盖遗嘱、信托以及设立慈善基金会等事项（慈善基金会将在第6章详细论述）。

4.风险评估与管理：借助保险、法律结构与应急计划评估并降低风险。

资产整合是指系统地收集、整理与监控家族成员持有的各类资产。资产整合对于全面把握家族的整体财富状况至关重要，涵盖银行账户、投资组合、房地产、企业权益以及其他重要资产等诸多要素，同时还需密切关注负债情况，以确保形成全面的认识。资产整合过程包括数据标准化，即确立统一的财务数据报告格式，以保障不同资产类型之间的一致性。

数字技术在简化整合流程并提供家族财务状况实时更新方面发挥着关键作用。比如说，近期的人工智能通过自动化数据推送、规范化、应用程序编程接口、仪表板与实时更新，为资产整合提供了先进的解决方案。财富整合控制平台还能够协助家族成员及其顾问识别契合其状况的投资。在数字技术越来越发达的背景下，网络安全对于保护敏感财务信息愈加重要。

在管理资产时，家族需要评估其风险状况。风险评估涉及衡量各类资产的潜在风险，综合考虑市场波动、经济形势、行业特定因素以及家族相关因素（离婚，或者关键家族成员突然离世或患病等）。这种风险评估为战略规划奠定基础，并全面审查家族的投资组合。这种综合视角有助于家族做出战略投资决策，例如优化资产组合、重新平衡投资以及识别多元化投资机会。定期更新与透明沟通同样能够确保家族成员充分了解其整合资产的绩效与构成，使他们能够在家族星系内的创业活动中，就财务规划与投资策略做出明智决策。

除了与市场波动和经济形势相关的传统风险之外，人们愈加意识到需要应对新兴风险，如与技术进步、地缘政治事件以及环境因素相关的风险。有效的风险管理需要运用一种动态且适应性强的方法来应对风险性质的变化。评估创业家族中的风险意味着识别与衡量不同类型的风险，包括财务风险（如市场、信用、运营或监管）、网络安全风险（如数据泄露）、声誉风险（如家族或企业丑闻）和长期规划风险（如代际过渡），以及它们的发生可能性与潜在影响。创业家族需要评估其风险承受能力，综合考量其目标、投资期限以及对风险的情感倾向。多元化依旧是风险管理的核心原则，即将投资分散于不同资产类别，以最大程度降低任何一个领域不利事件的影响。除了多元化以外，套期保值提供了防范市场突然下跌的手段，财产和人寿保险也可用于保护家族财富。[2]

积极的风险评估、战略风险管理与前沿技术的整合所产生的协同作用,为创业家族及其顾问提供了应对不确定性的工具,防止家族财富在代际传承间贬值。风险评估与管理是家族财富管理的关键环节,能够确保财富的保值与增值。一个全面的风险管理框架有助于家族识别、分析并应对对其财务状况的潜在威胁。家族成员应促进开放沟通,以协调其风险状况,并借助顾问解决疑虑、协调期望并做出明智决策。作为财富管理专业人士,顾问需要深入了解所服务家族的具体情况,并根据具体情况管理财富。为了家族财富的保护、增值和传承,创业家族可能会设立各类组织,如家族办公室、家族投资公司、家族孵化器、家族银行以及家族房地产公司。

家族办公室

家族办公室是专门为管理创业家族和高净值个人财富及各类事务而设立的组织。家族办公室提供定制化与整体性服务以满足家族需求,旨在维系对创业家族财务、人力与社会情感财富的代际掌控,通常具备代际视角。[3] 例如,由于流动性事件、遗产继承、成功经营或首次公开募股(IPO)[4] 等而产生流动性盈余时,就需要家族办公室进行专门的财富管理。家族办公室通常为拥有巨额财富的家族提供服务,包括投资管理、税务规划、礼宾服务、遗产规划、生活方式管理以及慈善事业。

家族办公室的主要目标是推动财富在世代之间的高效增长与转移,满足当前与未来家族的需求。家族办公室在家族财富管理活动中发挥着核心作用。通过集中这些功能，家族办公室旨在提供一种整体且集成化的财富管理方式，同时维护家族的隐私与机密性。我们的研究表明，家族办公室依据每位家族成员的独特需求、财务状况、特征以及个人偏好提供量身定制的服务。这种适应性对于应对富裕家族中常见的复杂动态至关重要，在这些家族中，需要审慎考量不同的利益、价值观与目标。

家族办公室具有多种形式。单一家族办公室是专为满足一个家族的需求而设立的私人组织，拥有管理财务与个人事务的专门团队，具有最高水准的隐私保护与机密性。维持一个专门管理家族财富的私人组织成本颇高，但创业家族是否应当设立单一家族办公室，不仅取决于财富规模，还与资产构成、分配复杂性以及家族结构密切相关。我们将单一家族办公室划分为四种类型[5]：家族保险箱办公室、家族投资组合办公室、家族风险投资办公室和世家办公室（见图 5-3）。这四种类型在家族治理成熟度、专业化程度、创业导向和管理导向方面各有差异。

如果家族难以承受单一家族办公室的高额成本，联合家族办公室是一种可行的选择。联合家族办公室能够将少数家族及朋友聚集起来，共同分担私人组织的成本，并整合资产以形成一定规模，进而获取更优的投资机会。专业人士与顾问也可以设立联合家族办公室，为更多家族提供特定服务。作为第三方实体，专业的联合家族办公室能够凭借更多的员工数量、更广泛的资源以及更全面的技能，为多个富裕家族提供服务。联合家族办公室依据每个家族需求定制服务的能力水平，是其在竞争中脱颖而出的关键因素之一。

家族办公室特征	家族保险箱办公室	家族投资组合办公室	家族风险投资办公室	世家办公室
描述	通过财富管理保存家族资产	专注于股东协调的家族财富投资媒介	将家族财富（直接）投入初创企业和创新型企业的创业型媒介。涉及由正式委员会做出投资决策	最复杂和全面的形式。致力于家族的各个方面，包括财富管理和创业投资，并促进下一代教育、传承家族遗产和关系以及管理慈善举措
家族治理成熟度	中等	低	中等	非常高
专业化程度	中等	中等	高	高
创业导向	低	高	高	中等
管理导向	低	低	中等	高

图 5-3　单一家族办公室类型

资料来源：基于作者 2022 年通过意大利家族办公室观察站收集的数据。

家族办公室有助于全面且专业地管理家族财富，推动创业家族从单纯参与商业活动向真正专注于商业运营并成为资产管理者转变，从而确保家族遗产能够长期传承。设立家族办公室会给创业家族带来诸多益处，但这一过程可能充满挑战，需要解答一系列重要问题（见行动框 5B 和图 5-4）。深入了解每个家族成员的具体目标、价值观以及风险承受能力，并据此提供个性化服务，需要耗费大量时间。家族办公室没有推销特定金融产品的压力，因而能够提供更符合家族最佳利益的客观建议。隐私性、高效性以及成本节约等优势，也进一步提升了家族办公室的吸引力，它能够营造安全且机密的环境，同时优化财务策略并简化运营流程。最先进的家族办公室不仅专注于管理创业家族的金融财富，还致力于管理其人力资源与社会情感财富。

关键主题	问题
财富水平和需求	·你的家族目前的财富水平如何？ ·具体的财务需求和目标是什么？ ·家族财富的长期和短期目标是什么？
财务事务复杂性	·家族目前如何管理其财富、投资和财务事务？ ·家族的财务状况（包括投资、持股和财务结构）有多复杂？ ·家族目前如何进行风险管理？
隐私和控制偏好	·财富事务的隐私对家族有多重要？ ·直接控制财富管理决策对家族有多重要？ ·家族成员目前在管理财务事务上花费多少时间，他们的专业水平如何？
家族参与、沟通和互动	·家族希望在多大程度上积极参与财富管理决策和监督？ ·家族决策是如何做出的？ ·家族成员之间如何沟通信息？
预算和预期投资回报率	·建立和维护家族办公室的预算是多少？ ·期望的投资回报率是多少？ ·家族办公室将是利润中心还是成本中心？ ·如何衡量家族办公室的绩效？ ·关键绩效指标（KPI）是什么？
治理和传承规划需求	·将采取什么流程确保家族办公室的运营符合家族的最佳利益？ ·家族的财富转移和传承计划是什么？ ·打算在这些领域分配多少资源？
位置和可达性偏好	·你是优先考虑将家族办公室设在靠近财富管理团队的地方，还是对地理范围持开放态度？ ·家族的税务和法律需求是什么？ ·家族目前如何管理合规性？
专业化和未来增长考虑	·在未来管理你和你家族的财富需要哪些特定专业知识？ ·你如何看待家族财富的未来变化？ ·家族在日常事务（如出行、活动和慈善事业）方面是否需要协助？

图 5-4　创业家族建立家族办公室需考虑的重要问题

行动框5B：建立家族办公室前需提出的恰当问题

🎯 目标

建立家族办公室属于一项极为关键的决策，要求创业家族审慎考量那些与家族动态、财富状况以及期望愿景相关的特有因素。本活动旨在引领家族展开深入周全的探究，助力其妥善应对与建立家族办公室相关联的复杂性问题，并清晰明确自身目标。其目的在于推动家族成员间展开全面性的讨论，促使大家对与家族办公室建立事宜相关的关键考量因素形成共同认知。

👤 主持人

我们建议选用具备家族办公室创业经验的人员来担任主持人。

⏱ 时长

四小时（围绕该主题展开结构化的对话交流）。

🔀 流程

在全体会议中对图5-4里的问题予以讨论，参会人员涵盖负责家族财富管理的核心家族成员（即家族投资者），可能还会包含一些具备财富管理经验的非家族成员。

家族办公室专业人士

家族办公室专业人士，又称为家族办公室专家，通常是指这样一类人或团队：他们作为备受信赖的顾问，引领家族制定复杂的财务决策，并以战略合作伙伴的身份管理家族的财务、人力以及社会情感财富。除了金融专业知识以外，他们还必须拥有良好的沟通与人际交往技能，以此推动家族内部的开放交流沟通。家族办公室专业人士的职责还涉及理解家族价值观、保障多代关怀的持续性以及满足当下与未来的财务需求。这种多维度的工作方式使得家族办公室专业人士成为家族财富管理领域中不可或缺的重要组成部分。作为监督财富管理与财务规划工作的专业人员，家族办公室专业人士承担着从投资策略、税务规划到遗产规划、慈善管理以及生活方式服务等的一系列广泛职责。

任何创业家族想要建立家族办公室，都应当关注在家族办公室中成功开展工作所必需的能力与技能。无论家族决定安排家族成员还是非家族成员参与家族办公室工作，这一点均适用。我们的研究显示，最为常见的错误在于，对家族办公室专业人士的能力要求仅仅聚焦于金融技能。成功的家族办公室专业人士不但需要具备金融等技术技能，还需要了解家族企业以及创业家族，同时拥有软技能。家族办公室如果不明确人才管理政策（诸如人员配备、薪酬、激励、内部和外部职业发展路径），就会让情况变得更加复杂。图5-5展示了我们研究确定的成功家族办公室专业人士的关键能力要素。

能力类别	关键能力	描述
技术技能	财务规划	具备根据高净值家族独特需求和目标制订全面财务计划的专业知识
	投资管理	具备管理多元化投资组合的能力，同时考虑到风险承受能力、市场状况以及家族长期目标
	遗产规划	理解财富转移、继承和遗产分配的法律和税务影响，确保财富有效保值和代际平稳过渡
	风险管理	能够识别和降低金融风险，实施策略保护家族财富免受市场波动和意外事件影响
理解家族企业	传承规划	能够规划和促进家族企业及其他星系组织向下一代的无缝过渡，应对挑战并确保连续性
	冲突解决	具备管理和解决家族企业内冲突的技能，促进家族成员之间的和谐与合作
	治理	理解家族治理结构、政策和实践，确保有效的决策过程和家族企业透明度
	慈善投资	了解慈善机会和策略，指导家族进行符合其价值观和目标的有影响力且符合社会责任要求的投资
软技能	同理心	能够理解和分享家族成员感受，建立牢固关系并真诚关心他们的福祉
	积极倾听	能够积极专注倾听，倾听家族成员的关切、愿望和目标，确保全面理解他们的需求
	品德高尚，透明沟通	致力于保持高道德标准和透明沟通，特别是在处理财务事务和潜在利益冲突时
	人脉拓展	能够建立和维护专业网络，与客户、其他金融专业人士和行业专家联系，为家族提供宝贵见解和机会
	思维敏捷和适应性	在应对市场条件、法规、技术和家族动态变化时具备灵活性和适应性，确保能有效应对不断变化的环境

图 5-5 成功家族办公室专业人士的关键能力要素

总的来说，家族办公室是一个协调各类服务的核心枢纽，以保障家族财富以及成员需求得到无缝对接式的管理。家族办公室是一个负责家族众多利益与活动的组织，需要具备适应性、独立性以及对个性化服务的专注度，满足富裕家族复杂多样的需求。然而，随着家族星系变得越来越复杂，或许有必要通过创建一些具有不同目标的其他专业组织，来合理化梳理这些利益与活动。因此，尽管家族办公室也能协助管理家族投资、创业行动以及房地产事务，但那些最为复杂的创业家族可能还需要构建其他专业组织（诸如家族投资公司、家族孵化器、家族银行和家族房地产公司），以便追求其他特定目标。我们将在本章剩余部分对这些组织展开探讨。

家族投资公司

家族投资公司是一个以共同管理与监督家族投资为目标的组织。家族投资公司具有一套法律结构，通常是为了整合家族成员的财务资源而设立的，为股票、债券以及房地产等多元化资产的战略管理搭建起了一个框架。家族成员以股东身份积极参与其中，这会对所有权动态产生影响，并为公司的管理以及投资策略决策贡献力量。

创业家族具有独有的价值观与目标，这使得他们更有能力和兴趣投身于影响力投资领域，这种投资模式不仅追求财务回报，还着眼于可衡量的社会或环境影响。影响力投资者会积极探寻有助于解决全球性难题（诸如贫困、不平等、环境退化以及其他社会或环境方面的问题）的投资项目。投资者用于评估投资影响的原则通常被称为 ESG（环境、社会和治理），ESG 是制定契合家族长期视角的长期投资决策的关键要素。将 ESG 原则融入家族投资公司的投资组合意味着，要挑选那些与家族所秉持的环境可持续性、社会责任以及道德治理等价值观相契合的资产与公司。这种方式体现了一种产生积极影响的承诺，同时也认识到了负责任且可持续的投资方式所蕴含的潜在财务效益。

除了投资管理职能之外，家族投资公司通常还具备更广泛的作用。其法律架构能够带来税收方面的优势，这取决于特定国家的具体司法管辖区的情况，并在家族收入与资本收益分配方面赋予家族一定的灵活性。它还能够通过防范法律索赔来提供资产保护与隐私保障，确保家族资产具备一定的保密性。鉴于不同司法管辖区之间的法规存在差异，那些考虑设立家族投资公司的创业家族通常会寻求专业建议，以此确保自身能够遵守相关法律，依据其特定财务需求定制公司结构。

家族投资公司的所有权一般由家族成员持有，这有助于形成资产管理的统一方法，并通过汇总不同投资的收益与损失来提升税收效率。有时，创业家族会通过与其他家族联合投资来开展俱乐部交易[6]，以此利用专业知识网络并分散风险。此外，家族投资公司能够提供免受债权人和诉讼影响的保护，从而确保家族资产的安全。这些组织对于整合家族资产（涵盖房地产、股票以及现金等）至关重要，能够实现高效的管理并提供相关报告。它们在家族财富的代际转移过程中发挥着极为关键的作用，能够减少资本利得税和遗产税，以及其他与财富积累和转移相关的税务负担。家族投资公司还有可能持有其他企业的权益，这些企业可能是其他家族企业、家族不具备战略控制权的直接投资的企业，或者家族间接投资的企业。

家族孵化器

营造一个能够鼓励家族成员探索并追寻创业想法的支持性环境，能够满足创业家族代际传承创业精神的需求。家族能够提供财务支持、指导以及共享专业知识等必要资源，以推动新企业的发展。有时建立家族孵化器来切实推动家族成员的创业行动，也是颇为有益的。从长远来看，家族孵化器与家族的总体目标保持一致，能够为家族整体财富的增长与可持续性贡献力量。家族孵化器的另一个关键作用在于为家族成员提供进入家族星系网络的途径。家族孵化器内部的开放沟通渠道使得家族成员能够自由地探讨想法、挑战以及机会。创业家族可以为家族成员设定创业挑战，让他们提出或者识别新兴的创业项目并对其进行孵化（如行动框 5C 中的家族创业挑战）。

经验丰富的家族成员或者外部导师会为那些有意愿的年轻企业家提供指导，借助他们的见解来应对创业以及经营企业过程中的复杂问题。家族也可能决定每年分配一定的预算来支持家族成员的商业想法。家族孵化器鼓励家族成员之间分享专业知识，倡导协作方式，并认识到创业活动固有的风险。家族孵化器应当采用风险缓解策略，并培养从成功与失败中学习的态度。家族孵化器通常也会成为家族内部下一代领导者与企业家的培育基地（第 7 章将详细介绍）。

行动框5C：激发家族创业精神

🎯 目标

家族创业挑战能够促使创业家族成员共同探索、完善并推出新的商业想法。这种沉浸式体验能够促进创新，强化家族纽带，并提供推出成功创业项目所需的工具与知识。

参与者

家族企业家、初创企业/企业孵化领域的专家或潜在家族企业家。

时长

训练营被设计为一个月的项目，其中包含教育课程、实践练习以及协作项目工作的合理安排。也可以设计一个更为紧凑的版本，即为期一周的密集课程。

流程

第一步——团队组建：鼓励每个家族成员或家族成员小组组成两三个人的团队来应对挑战。

第二步——想法生成：团队开展头脑风暴活动，构思出一个独特创新的商业想法或产品，该想法或产品需与家族现有商业利益相互补充，或者能够满足多元化的特定市场需求。

第三步——商业模式开发：团队将他们的想法进一步完善为一个全面的商业模式，涵盖价值主张、目标市场、竞争分析以及收入流等方面。

第四步——原型开发：团队创建他们的产品或服务的原

型或概念验证，以此展示其可行性与市场潜力。

第五步——路演准备：团队精心准备一个极具说服力的路演演示文稿，用以展示他们的创新想法、商业模式以及原型，以便说服天使投资人和风险投资人对他们的商业想法进行投资。

所有团队需向评委小组以及家族成员和感兴趣的利益相关者（如潜在天使投资人和风险投资人）展示他们的路演内容，评委将依据以下标准对提案进行评估。

- 原创性和创新性：想法或产品/服务的独特性、颠覆性程度以及提供清晰价值主张的程度。
- 市场相关性：想法或产品与特定市场需求或需求未得到充分满足的客户细分市场的契合程度。
- 商业可行性：商业模式的稳健性，包括收入流、竞争分析以及财务预测。
- 原型有效性：原型或概念验证清晰展示想法可行性的程度。
- 路演展示：路演演示文稿的说服力、清晰度以及整体效果。

💡 **其他建议**

直接收益：获胜团队将获得认可和潜在的投资机会，并有机会在创业家族星系内部进一步发展他们的想法、产品或者服务。

额外好处：
- 促进家族成员之间的协作与团队合作。
- 鼓励代际学习与知识共享。
- 在家族企业的业务拓展中促进创新与创造力的发展。
- 强化家族的创业精神与传承。

家族银行

家族银行通常与投资者分配相关，通过向家族成员提供商业贷款无法给予的贷款条件，为家族提供了一种利用财富的手段。这些贷款在商业贷款人眼中属于高风险贷款，但对于家族而言风险相对较低，因为它们有助于实现家族的长期财富保值计划。通常情况下，家族银行贷款有两个主要用途：投资（以增强金融资本），以及提升［以增加家族资本（人力、社会、财务和遗产）］。换言之，贷款通过提供金融财富来支持家族发展，同时增加家族成员的个人发展机会。

对于投资贷款而言，借款人应当准备一份详尽的商业计划和贷款申请。随后，借款人应当与家族银行董事会以及顾问共同探讨项目的可行性，以确保进行全面彻底的评估。制定投资者资产配置方案需要优先考虑家族中最年轻的成员以及长期信托，将具有显著增长潜力的资产分配给他们。家族银行能够提供"提升贷款"，其目的在于提升家族成员的独立性并支持他们的发展。恰当的承保被视为至关重要的，借款人需要阐释贷款将如何有助于他们的独立性并增加家族资本。决定设立家族银行的创业家族应当明确相应规则，比如向银行注入家族资本的机制（例如，指定部分股息或者通过预算流程）、每个家族成员的最大贷款金额、获取贷款的条款与条件，以及向每个家族成员贷款的次数。

家族银行应当被设计成具有灵活性的机构，具备私人活动的性质，并拥有适应性强的治理模式，其使命体现了其作为高风险、低利率贷款机构的理念。家族成员需要对家族银行的使命形成清晰的理解与共识，这一点极为关键。家族银行的贷款申请中的个人财务信息会予以保密，但资本会与所有家族成员共享。

家族房地产公司

家族房地产公司属于由家族创建并运营的商业实体，其功能在于管理、投资以及监督房地产资产。这类公司一般是为了通过战略性房地产投资（涵盖房产收购、开发、租赁以及管理等方面）来整合家族财富而设立的。参与公司运营的家族成员有可能共同持有股份，这使得他们能够参与与房地产投资和运营相关的决策过程。

家族房地产公司的核心目标是将房地产作为一种代际积累与保存财富的手段，涉及对住宅或商业房产的收购、参与房产开发与翻新项目，或者投资房地产基金等。家族房地产公司通常在一个结构化的管理框架内开展运营，家族成员会在房产选择、房产管理、为创业家族房地产资产提供经纪服务以及长期规划等诸多方面贡献力量。

家族房地产公司联合管理房地产，可以使家族成员能够朝着共同的财务目标齐心协力，共同参与决策制定，并且有可能将有价值的房地产资产传承给后代。它还能够促进房地产投资组合的构建，使其契合家族价值观与目标，进而为家族创造有形且持久的遗产。

综上所述，家族投资者需要培养自身能力，直接或者通过外部顾问开展战略性与创业性财富管理工作，以此确保财富长期保持可持续增长态势。为了应对可能侵蚀创业家族财富的外部与内部力量，家族投资者需要精心制定财富管理策略，构建一致的治理体系。家族办公室可以协助家族完成此项任务，然而随着财富复杂性的提升，家族星系需要拓展其他具有更明确目标的专业组织，比如家族投资公司、家族孵化器、家族银行和家族房地产公司。

本章要点

1. 创业家族成员必须认识到，有必要从战略与创业的角度来管理财富，以此实现财富的保值与增值，从而维持他们的生活方式，并有可能将其作为传家宝传承给后代。
2. 创业家族的财富不仅包含金融资产，还涵盖广泛的偏好资产，如珠宝、汽车、艺术品、收藏品、时尚奢侈品、运动资产以及房地产等。
3. 创业家族的财富管理相比高净值个人更为复杂，因为必须确定并满足集体需求，同时还要保持家族的凝聚力与一致性。
4. 创业家族通常依赖顾问来管理财富，并且会建立家族办公室或者更为专业的实体，如家族投资公司、家族孵化器、家族银行以及家族房地产公司。
5. 家族办公室能够为创业家族带来诸多益处，不过建立家族办公室可能颇为烦琐，在做出正确决策之前需要回答一些关键问题。

6. 成功的家族办公室专业人士所具备的能力超越金融领域，包括技术技能、了解家族企业以及软技能等方面。

值得反思的关键问题

1. 面对不断变化的金融环境以及意外挑战，特别是考虑到创业家族背景下个人风险与商业风险的相互作用，你准备如何调整投资与风险管理策略？
2. 你是否已经识别并全面评估了与投资相关的各类风险，包括市场波动、经济状况以及行业特定因素等方面？
3. 你如何在偏好资产投资所带来的情感满足与其财务特性（如流动性不足、估值不确定性以及贬值等）之间实现平衡？
4. 你是否认为将环境、社会和治理（ESG）原则纳入家族投资策略具有价值？这种价值一致性如何有助于产生积极影响以及获取财务回报？
5. 你如何在家族星系中融入创业举措并支持家族成员的新商业想法？
6. 你的创业家族星系结构是否与财富复杂性相匹配？你是否需要创建或拓展专业组织以确保实现资产类别目标？
7. 你是否应该建立家族办公室？如果是，应当建立哪种类型的家族办公室？在启动此类项目时又应当考虑哪些关键问题？

延伸阅读

De Massis, A. and Kotlar, J. (2021) *La trasformazione del family office*. ISBN 979-12-200-9456-6.

De Massis, A., Kotlar, J., Manelli, L. and Rondi, E. (2023) The drivers of heterogeneity of single-family offices – an exploratory analysis. *The International Family Offices Journal*, 7(2), 20–25.

Kotlar, J., Signori, A., De Massis, A. and Vismara, S. (2018) Financial wealth, socioemotional wealth and IPO underpricing in family firms: A two-stage gamble model. *Academy of Management Journal*, 61(3), 1073–99.

Osservatorio Family Office (2023). *Purpose e family office: Verso il paradigm della proprietà responsabile*. Politecnico di Milano in collaborazione con Libera Università di Bolzano. Milano, Italia. ISBN: 978-88-649-3089-3.

Osservatorio Family Office (2022). *La diversità dei family office: Profili strategici, organizzativi e imprenditoriali per la sostenibilità del capitalismo italiano*. Politecnico di Milano in collaborazione con Libera Università di Bolzano. Milano, Italia. ISBN: 979-12-210-1837-0.

Pinelli, M., Niemand, T., Picone, P.M., Kraus, S. and De Massis, A. (2023) Family firm entrepreneurship: An experimental study. *Journal of Small Business Management*, in press.

Vogel, P. and De Massis, A. (2024). Mastering talent management in family offices – some insights from research and practice. *The International Family Offices Journal*, 8(4), 52–56.

注 释

1. 高净值个人根据其个人财富被分为三类：超过3000万美元（超高净值个人）、500万~3000万美元（高净值个人）以及 150万~500万美元（净值个人）。
2. 套期保值是一种先进的风险管理策略，包括买入或卖出一项投资，以期潜在地帮助降低现有头寸的损失风险。
3. De Massis, A. and Kotlar, J. (2021) *La trasformazione del family office*. ISBN 979-12-200-9456-6.
4. 关于创业家族进行首次公开募股（IPO）的更多信息，见 Kotlar, J., Signori, A., De Massis, A. and Vismara, S. (2018) Financial wealth, socioemotional wealth and IPO underpricing in family firms: A two-stage gamble model. *Academy of Management Journal*, 61(3), 1073-99.
5. Osservatorio Family Office (2022) *La diversità dei family office: Profili strategici, organizzativi e imprenditoriali per la sostenibilità del capitalismo italiano*. Politecnico di Milano in collaborazione con Libera Università di Bolzano. Milano, Italia. ISBN: 979-12-210-1837-0.
6. 俱乐部交易是私募股权投资的一种形式，即一群投资者将他们的资金汇集起来，对某一特定公司进行联合投资。

The Family Business Book

第 6 章

推动家族参与慈善及社会影响项目

- 4.成为并发展负责任的家族所有者
- 6.推动家族参与慈善及社会影响项目
- 3.管理家族企业并理解其独特行为
- 5.管理家族财富与运营家族办公室
- 2.培育家族同时繁衍新家族
- 7.培养下一代并管理传承
- 1.创业家族星系

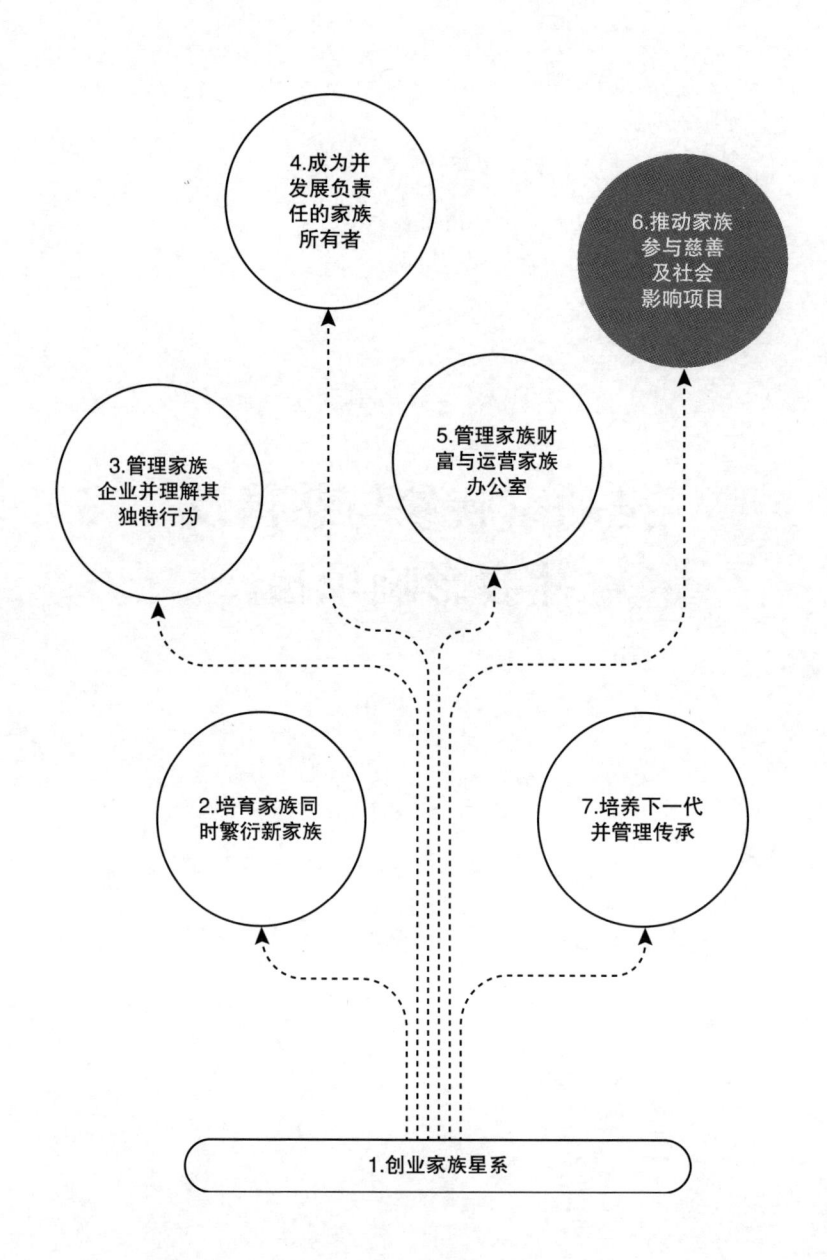

创业家族为何需要关注影响力

长期以来，创业家族在管理家族星系里的多元化资产时的财务目标和慈善目标是脱节的。以前，企业运营只追求财务目标，然后拿出部分利润做慈善项目。也就是说，财务目标和慈善目标被当作两码事，慈善只是财务目标达成后的附属品。但现在人们对慈善的观念变了，财务目标和慈善目标这两个目标在"实现影响力"概念里融合起来。环境、社会和治理（ESG）原则出现后，创业家族投资策略也跟着改变，转向更宽泛的"价值"层面。创业家族的责任和能力不再局限于追求利润，而是从新的价值创造角度出发，利用家族的金融财富和社会情感财富，努力提升家族和社会的福祉。在慈善和影响力方面，创业家族也有了很大变化，比如创业家族不再随意或被动地做慈善，而是采用战略慈善模式。这种模式有明确目标、积极主动，依据家族价值观、目标以及家族星系里的可用资源，去追求能给人类和社会带来重大且可衡量影响的目标。

社会影响项目对创业家族的内部和外部目标都有作用。对外而言，家族意识到社会影响项目对创造价值、践行道德、回报社会很关键，重视金融财富和社会情感财富相关的社会责任。慈善不只是家族星系里分配资源的方式，更是家族精神和对社会福祉承诺的体现。家族成员尤其是下一代参与社会影响项目，能提升知名度和美誉度，把自己和家族联系起来，确立自身的合法性。不仅如此，税收优惠政策鼓励慈善捐赠，在为社会做贡献时还能带来经济收益。

对内而言，社会影响项目为家族表达身份、传承遗产、弘扬价值观提供了近乎中立的空间，能促进代际沟通和新一代教育，培养家族内部关系资本。不管有没有运营企业，家族慈善活动和社会影响项目都为家族精神增加了独特的内涵，要是创业家族不再运营企业，社会影响项目甚至会成为核心关注点。

家族精神涵盖家族成员理解、表达和培育精神生活的共同方式，它超越了成员的个人利益。家族精神的表现有谦逊和感恩等。图 6-1 里的社会影响项目能让家族通过促进个人成长、探索存在的意义和目的、增强家族团结和共同身份认同感来培育精神层面的东西。家族精神有助于内心平静、产生超越感，还能让人联想到比自我或单个家族更宏大的事物，激发家族利他主义，像爱、善良、支持和牺牲等，对维持家族团结非常关键（第 2 章对家族利他主义有深入探讨）。所以，家族精神能强化家族纽带，赋予家族意义和目标感，提升家族整体福祉和凝聚力。

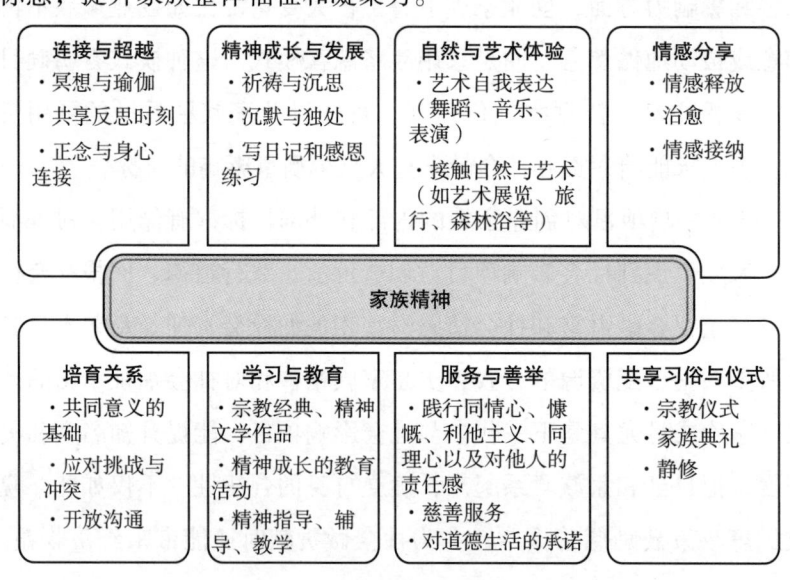

连接与超越	精神成长与发展	自然与艺术体验	情感分享
·冥想与瑜伽 ·共享反思时刻 ·正念与身心连接	·祈祷与沉思 ·沉默与独处 ·写日记和感恩练习	·艺术自我表达（舞蹈、音乐、表演） ·接触自然与艺术（如艺术展览、旅行、森林浴等）	·情感释放 ·治愈 ·情感接纳

家族精神

培育关系	学习与教育	服务与善举	共享习俗与仪式
·共同意义的基础 ·应对挑战与冲突 ·开放沟通	·宗教经典、精神文学作品 ·精神成长的教育活动 ·精神指导、辅导、教学	·践行同情心、慷慨、利他主义、同理心以及对他人的责任感 ·慈善服务 ·对道德生活的承诺	·宗教仪式 ·家族典礼 ·静修

图 6-1 家族精神的核心支柱

现在，创业家族都在思考怎么提高慈善和其他社会举措的影响力，包括设立基金会、博物馆等组织，让整个社会的利益相关者参与并受益。但创业家族在这条复杂道路上前进时，面临很多挑战，得在社会影响和自身遗产、身份之间找到平衡。本章会深入研究创业家族为对社会产生战略影响而做出的实践，以及在星系里创建的管理这些实践的组织。

以价值观创造价值：价值观的重要性

"价值工作"指的是一种内省过程，即识别、澄清并阐明指导创业家族决策与行动的核心价值观。它需要深入思考哪些原则和信念对家族成员来说最为关键且有意义。在创业家族参与社会影响项目时，价值工作就成了关键环节。它能让家族清晰认知集体价值观，成为家族应对复杂社会问题的指引，助力家族做出契合共同价值观的决策。这一过程可能包含开展讨论、举办研讨会或者进行反思练习等，目的是确定塑造家族身份与目标的核心信念及优先事项。

明确界定这些价值观后，创业家族做决策就有了坚实基础，能确保自身行动与深信不疑的原则相符。价值工作有助于避免或处理潜在冲突，保障社会影响项目与家族的总体使命相协调，也是让家族使命契合要解决的社会问题、确保社会影响项目彰显家族身份的关键步骤。依靠价值工作，创业家族能应对社会挑战以及不断变化的趋势带来的复杂性，引导家族做出对改善民生和社会有实际贡献意义的战略决策。这种内省方式不仅能提升社会举措的成效，还能在家族成员在基于坚定信念朝着共同目标齐心努力时，培养他们的共同目标感与凝聚力。

践行慈善并产生影响

在创业家族与社会影响项目的领域，结构化和战略性的方法正变得愈加关键。我们的研究表明，创业家族的参与对塑造慈善事业的作用独特又复杂，传递社会责任并产生影响的实践方式也不简单。[1] 鉴于这种复杂性，许多创业家族难以拥有社会影响力，因此结构化与战略性方法不可或缺。创业家族脱离核心业务活动后，能寻得一个在物理和意识形态层面更为中立的空间。借由与外部利益相关者互动、积极践行善举，家族可巩固关系，找到家族成员能够共同投身的事业。这些活动有利于强化亲属关系，激发归属感，促进家族成员达成一致的承诺。[2]

创业家族需确立家族影响力战略，并通过以下途径实施：为影响力倡导者赋予能量，确定要参与的社会影响项目，监测这些项目产生的社会影响。家族影响力战略会概括创业家族设定的社会影响力目标、优先事项与举措，同时保证这些举措与家族价值观及目标相匹配。精心规划的影响战略有助于捐赠者最大程度地提升捐赠成效以及对社会的影响力，它涵盖为满足社会、环境和社区需求而开展的审慎决策。

影响力战略包含以下内容：明确家族的影响力使命与愿景；设定可衡量的目标；确定关键领导者与利益相关者；界定具体重点

领域；确定资源分配方式（例如赠款类型）；探寻合作与伙伴关系；明确要分配的资源水平以及如何确保举措随时间推移具备可持续性；构建评估影响的机制，并通过与利益相关者沟通确保透明度。对于创业家族来说，影响力战略或许还涉及遗产规划，以此保障家族价值观与影响力能够代代传承。我们在行动框 6 中提供了制定家族影响力战略的思路。

在家族里为影响力倡导者赋能，就是要找出那些满怀热情、信念坚定且具备推动积极变革能力的个人。[3] 这些影响力倡导者均为家族成员，他们表现出在社会或环境问题上产生显著影响的强烈愿望。家族会依据他们的个人价值观、兴趣、技能以及与家族影响力目标的契合度来筛选这些人，人选确定之后，关键的后续步骤便是确立家族影响力战略，并赋予他们执行的权力。

为影响力倡导者赋能，意味着为他们提供有效引领并推动社会影响项目所需的资源、支持与自主权。赋能有多种形式，诸如财务支持、提供人脉资源、指导以及技能提升机会等。赋能还包括营造一种环境，激励这些倡导者主动作为、畅所欲言，领导与他们的热情和家族总体使命相符的影响力项目。影响力倡导者宛如变革的催化剂，凭借自身影响力与决心，带动家族其他成员积极参与这些举措。通过识别并赋能影响力倡导者，创业家族能够确保自身努力既契合家族价值观，又在应对社会或环境挑战方面具有可持续性与影响力。

家族影响力战略的实践探索包含三个关键维度：能力培养、社会影响项目的识别与参与机制设计。在具体实施过程中，选择影响力投资标的时，家族会优先考虑与其价值观相契合的直接关联领域或主题方向。在此过程中，社会影响力顾问或慈善顾问能够发挥关键作用，他们通过系统性梳理，确保家族价值观与使命愿景、可配置资产特性、投资标的特征以及资金投放规模等要素保持一致，从而构建符合家族身份定位的可持续影响力投资体系。

除了传统捐赠，图 6-2 呈现了创业家族可开展的多种慈善与社会影响项目。通过探寻与其他慈善实体、非营利组织、政府机构、社区组织以及慈善顾问合作的机遇，家族能够提升影响力，分享专业知识。此外，创业家族还能够拓展自身角色范围，例如在气候变化等关键问题上进行游说与倡导，借助自身影响力产生更为广泛的社会影响。

儿童与青少年	医疗保健	扶贫	环境
·支持他们的福祉 ·提供教育机会和指导	·资助医学研究取得进步 ·改善医疗保健的获取途径 ·发展医疗保健基础设施	·为社区提供经济赋能 ·给予财政资源以及创业支持	·保护自然资源 ·减缓气候变化 ·推广可持续实践与技术（如清洁能源、林业等）

慈善和社会影响项目

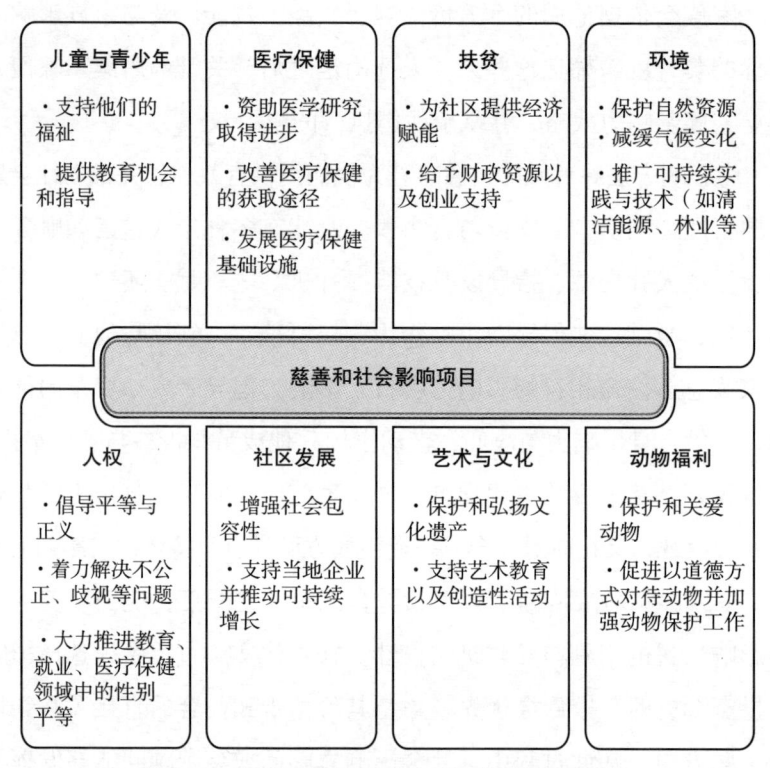

人权	社区发展	艺术与文化	动物福利
·倡导平等与正义 ·着力解决不公正、歧视等问题 ·大力推进教育、就业、医疗保健领域中的性别平等	·增强社会包容性 ·支持当地企业并推动可持续增长	·保护和弘扬文化遗产 ·支持艺术教育以及创造性活动	·保护和关爱动物 ·促进以道德方式对待动物并加强动物保护工作

图 6-2　创业家族的慈善和社会影响项目示例

为监测社会影响项目的影响，创业家族有必要创建专门的治理机构。该机构负责设定关键绩效指标（KPI），监测绩效并依此做出决策。实际上，整合与监测社会影响项目时，要考虑治理和衡量模型，区分社会影响项目的直接结果与实际影响。实际影响不仅包括项目的有形直接效果，还涵盖间接与长期影响。举个例子，亚历克斯住在经济困难社区，他向食品银行一次性捐赠3万美元，用于满足购买食品和其他必需品的需求，这个影响切实直接，但效果只是短期的。而泰勒采用战略慈善方法，投资3万美元用于职业培训项目，目的是提升社区成员的就业技能，赋予个人长期摆脱贫困的能力，以创造持久改变，这种投资更具战略性。

如同商业和金融投资一样，慈善和社会影响项目的战略方法需兼顾影响力与风险管理。社会影响力方法把影响力衡量纳入创业家族所有投资中考量，强调财务目标和影响力目标的关联性。这种整合与家族治理结构相符，能产生协同效应，与企业社会责任（CSR）举措结合时更是如此。衡量影响力的方法有很多，比如投入和产出衡量，但衡量影响力一直颇具挑战性，因为所需时间跨度大，数据获取不易，以及外部因素可能影响举措的有效性等。创业家族与利益相关者合作并确保沟通透明，是在社会影响项目中实现问责制的关键。

创业家族在赋能影响力倡导者，确定并监测社会影响项目时，要认识到活动开展的具体背景。把社会影响项目置于特定背景之中，使其与所服务社区的特定需求和价值观相契合，从而做出有意义的贡献。制定契合家族文化背景的影响力战略，可提升社会影响项目的有效性。

家族还需考虑社会影响项目是公开好，还是保密好。研究表明，部分家族倾向于保密捐赠，而其他一些家族想通过公开社会影响项目提升知名度、激励他人捐赠并吸引潜在合作伙伴。有些家族可能公开这些社会影响项目的总体影响，同时对具体组织和个人的信息予以保密。最终，每个创业家族都要审慎评估这些因素，做出明智决策，找到符合家族价值观、目标和舒适度的恰当平衡点。

从根本上来说，创业家族慈善和社会影响项目不断演变的格局，需要一种具有战略性、综合性且适应具体情境的方法，这种方法不能仅局限于传统捐赠行为，而是要创造持久且有意义的社会影响。

行动框6：制定家族影响力战略

目标

制定与家族价值观、目标和资源相一致的家族影响力战略。

参与者

召集一群对慈善事业和社会举措感兴趣且愿意为家族影响力战略的发展贡献力量的家族成员（若有影响力倡导者，应让其参与其中）。

主持人

我们建议邀请非家族成员担任主持人，例如影响力顾问，但一些创业家族可能更倾向于让一位以参与社会举措而闻名的家族成员担任此角色。

时长

三次会议，每次四小时。

所需材料

白板、马克笔、便利贴以及获取相关资源的途径（网站、报告、书籍）。

流程

第一次会议

第一步——定义影响力的价值观和目标：首先明确家族作为慈善团体的核心价值观，然后明确哪些原则引领家族的捐赠和影响力决策，家族期望达成何种影响力。

第二步——确定原因和影响力领域：集思广益，列出一系列与你的价值观产生共鸣、与你期望达成的影响以及家族传承相契合的成因或社会问题。可以考虑诸如儿童与青少年、医疗卫生、减贫脱贫、环境可持续发展、人权保障、社区建设、艺术文化或者动物保护等方面的问题。你可以从图6-2中获取灵感。

第三步——评估创业家族星系中的资源：评估创业家族星系中可利用的资源，涵盖财务资源、时间、专业知识、人员等，并确定影响家族慈善和社会影响项目的限制条件，探究这些资源流动在时间维度的可持续性。

第二次会议

第一步——建立评估框架：构建一个评估家族慈善和社

会影响项目成效的框架。确定将用于衡量进展的指标。探索需要哪些类型的数据来衡量实际影响，以及由谁负责监测。

第二步——研究与探索：针对已确定的原因和影响力领域展开研究，收集家族成员此前开展的慈善和社会影响项目以及家族星系中现有组织和实体的信息，并依据本次会议第一步中所定义的评估框架预估每个领域的预期影响。

第三步——制定情景：基于研究与探索成果，与潜在利益相关者探讨潜在机会，看看家族的慈善和社会影响项目如何在选定的影响力领域中产生有意义的差异化结果。

第四步——规划行动路线：规划实现家族慈善和影响力目标的潜在策略，考虑直接赠款、项目支持、倡导、能力建设或与其他组织合作等方式。

第三次会议

第一步——确定行动优先级：依据对资源、可行性以及与家族影响力价值观和目标一致性的评估，确定最有可能产生重大影响的行动的优先级。

第二步——创建行动计划：制订一个行动计划，详细概述实施优先行动的具体步骤、影响力倡导者、时间线以及责任，然后决定是否要公开对这些举措的承诺。

第三步——评估总体影响：根据第二次会议第一步中所定义的影响指标评估战略的影响。

第四步——审查与调整：根据需要定期审查并调整影响力战略，以确保其依然具有相关性和有效性，并与不断演变的家族价值观和影响力目标保持一致。

> 💡 **其他建议**
> - 寻求慈善和影响力顾问或专业人士的专业知识，以便在整个过程中获取见解与指导。
> - 与其他慈善家、基金会或非营利组织等合作伙伴携手合作，以充分利用资源、专业知识和人脉网络。
> - 让受家族慈善活动影响的受益人和社区参与决策过程。
> - 向利益相关者、受益人和公众透明地传达家族影响力战略、目标和影响结果。

让下一代参与

让下一代成员参与慈善举措的设计与实施，能带来新视角和多样化技能，以及对家族慈善事业长期的、更强的责任感。这种参与可在下一代心中培育主人翁意识，激励他们投身于家族慈善与社会遗产事业。为使下一代有效参与，创业家族可创造机会，让他们参与慈善和社区影响项目决策过程，参加与受赠人、非营利组织的会议，参与志愿活动。接触慈善与社会活动，能激发他们的热情，促使他们为家族慈善和社会影响项目贡献独特的才能与观点。

随着下一代成长并积累经验，年轻家族成员可逐步承担设计与执行慈善和社会影响项目的责任。这种过渡让他们在有益环境中培养领导技能，在进入家族商业组织前增强自身合法性与声誉。此外，让下一代参与能促进代际对话，确保家族慈善事业和社会遗产持续发展，适应世界变化，在家族中营造共同目标感与使命感。第7章将详细探讨如何让下一代参与创业家族星系。

追求影响力的组织

家族成员常私下开展慈善和社会影响项目，比如向当地社区捐赠，或者直接参与个人支持的事业，这种方式不是正式的组织行为。但如今，创业家族更多思考如何在家族星系中创建基金会、博物馆等特定组织，更有效地参与慈善和社会活动，让广大社会利益相关者受益。

建立正式的社会影响力组织，相比私人和无组织的捐赠有诸多优势。比如说，它能筹集和管理更多资金，使家族可以解决更多社会问题并持续产生影响，能专注于特定需求领域，利用专业知识和资源制定有效举措。社会影响力组织可获法律认可与免税地位，有利于取得捐赠者和利益相关者的信任，且必须严格遵循报告和审计要求，保证财务管理与运营的透明化，这进而促进对组织使命的履行，并确保对其事业的长期投入。

通过建立特定组织，创业家族可参与政策倡导，影响相关法律法规，借助教育宣传计划提升公众对重要社会问题的认识。组建家族（企业）基金会，可为集体举措搭建平台，丰富家族的长期遗产，产生超越当代的持久影响力。建立家族（企业）博物馆，可与公众分享家族故事与遗产，保存家族记忆，提升家族声誉，促进家族传承。

总之，我们的研究和咨询工作表明，为慈善和社会影响项目建立正式组织，在影响力、可持续性、合法性、社会变革潜力和个人满意度等方面优势显著。虽然刚开始建立和管理组织有挑战性和成本，但长期来看这种做法会对世界产生有意义且持久的影响，而且收益可观。下面的内容将探讨家族（企业）基金会和家族（企业）博物馆。需要注意的是，这并非创业家族产生影响力的唯一途径，家族办公室也可开展慈善事业、参与影响力投资或风险慈善。[4] 接下来我们将分享关于家族（企业）基金会和家族（企业）博物馆的相关见解，这两者是家族实现社会影响力的可能的组织形式。

家族（企业）基金会

家族（企业）基金会是非营利组织，为慈善事业提供资金、资源与支持，旨在解决社会问题，改善社区福祉。[5] 家族基金会与家族企业基金会有细微的区别，家族基金会是捐赠者或家族积极参与的类型，家族企业基金会则是家族企业作为捐赠者的类型。

创业家族可建立家族（企业）基金会，组织成员的慈善和社会影响力活动，运用筹款、管理和战略规划等专业知识，优化资源利用，扩大影响力。基金会需对影响力负责，要制定严格评估方法并定期报告进展。本质上，建立家族（企业）基金会提供了汇聚资源、利用专业知识、推动系统性变革以产生持久社会影响的结构化平台。

这些基金会由家族成员或家族星系其他组织（如家族企业、家族办公室、家族信托公司）提供资金，向非政府组织、社会企业等分配资源，并参与倡导和政策制定工作，影响决策者，推动政策变革，支持研究和数据收集，深入洞察社会问题根源。

家族（企业）基金会能促进不同利益相关者合作，创造持久遗产，体现家族价值观，为家族关心的社会事业做贡献，传承捐赠传统。在建立家族（企业）基金会时，创业家族要考虑长期可持续性，设计资源流动机制确保组织活动连续性，如从家族企业股息或投资利润中提取一定比例来捐赠，或者家族成员每年捐款。[6]

家族（企业）博物馆和历史档案馆

家族博物馆是保存家族拥有或控制的档案（如历史文本和文物等）的机构，家族博物馆专注保存对家族历史和历史兴趣领域（如文物、家族信仰与成就）有重要价值的物品，这些物品对了解家族历史意义重大。家族企业博物馆由家族企业或创业家族设立，纪念家族企业的历史、发展与成就。历史档案馆或家族图书馆则收集和保存有历史价值的书籍、文件、照片、记录、文物等。

家族（企业）博物馆和历史档案馆体现了家族对家族故事保存、代际连续性与联系的重视，它们是档案材料存储地，反映守护家族记忆的理念。家族（企业）博物馆可向公众展示收藏品。在家族星系背景下，建立家族（企业）博物馆是彰显家族价值观、成就与文化贡献的具体体现。家族（企业）博物馆通过整理历史材料，为家族成员提供反思、学习和庆祝家族遗产的空间。

家族在规划展示这些家族遗产时参与叙事构建，讲述家族故事，确定纪念的事件与人物。家族博物馆旨在整理和展示对家族遗产、传统与成就有重要意义的文物、纪念品和历史物品。家族企业博物馆则纪念家族企业的历史与成就，展示企业里程碑、创新及家族成员贡献，向员工、客户和社会传达企业文化遗产，包含家族创业历程相关展品等。创业家族还可能建立历史档案馆，记录家族历史与遗产相关材料。家族博物馆、家族企业博物馆和历史档案馆这三种组织在铭记过去，留存记忆，维护家族故事、价值观和文化遗产连续性方面目标一致。

随着创业家族对自身社会影响力的认知加深，他们将从传统的捐赠模式，转向战略性慈善和社会影响力模式，这是一个必然趋势。家族（企业）基金会、家族（企业）博物馆和历史档案馆的成立，体现创业家族塑造和留存超越个体生命的家族遗产的自觉努力。通过整合财务资源、家族价值观、家族精神与创建文化存储库，创业家族可全面展现身份特征，为社会变革做贡献，促进代际的连续性。这种方式反映家族慈善格局的演变，也凸显了家族留下持久、意义深远且对社会产生积极影响的遗产的巨大潜力。

本章要点

1. 创业家族愈加重视慈善和影响力，将其视为在管理家族金融财富与社会情感财富的背景下，为社会福祉贡献力量并彰显家族身份与价值观的有效途径。
2. 创业家族已从传统捐赠模式转向更具战略性的慈善和影响力

模式。影响力投资与风险慈善的理念与创业家族价值观相互契合，借助家族的金融财富与社会情感财富，达成社会影响与财务回报的双重目标。
3. 家族精神是创业家族对社会产生影响的关键驱动力，创业家族理应关注家族星系内家族成员的精神层面。
4. 期望参与社会影响项目的创业家族需要制定家族影响力战略，为家族影响力倡导者赋予权力，确定分配资产的社会影响项目，监测总体影响力的绩效并构建影响力组织。
5. 在创业家族星系中创建影响力组织，能够使创业家族表达并延续其身份特征。对社会影响项目的关注往往与家族遗产和传统紧密相连，有助于家族遗产的长期繁荣发展。
6. 家族（企业）基金会和家族（企业）博物馆正逐步成为塑造与留存家族遗产的核心要素，其中家族（企业）基金会为家族开展慈善事业提供了结构化的手段。
7. 创业家族通常创建家族（企业）博物馆作为档案材料的存储库，展现出守护家族记忆的态度。家族（企业）博物馆超越了慈善的范畴，成为家族价值观、成就以及文化贡献的有形体现。家族（企业）博物馆和历史档案馆的建立，体现了创业家族对保存家族故事、促进代际连续性和联系的坚定承诺。

值得反思的关键问题

1. 如何使家族的社会影响项目与对家族最为关键的价值观和原

则相互契合？
2. 在慈善、社区参与或者其他社会影响项目方面，家族察觉到了哪些能够产生影响的契机？
3. 家族如何充分利用其独特的优势、资源和技能，以最大程度地发挥对社会的影响力？
4. 家族是否存在可探索的合作或建立伙伴关系的机会，从而拓展自身影响力？
5. 家族如何通过家族（企业）基金会、集体影响力模式或者其他架构行事，以支持并维系影响力工作？
6. 创建家族（企业）博物馆是否可作为家族集体身份、价值观和成就的富有意义的表达形式，培育出代代相传的家族遗产？若是，应当如何推进其发展？
7. 家族是否充分重视家族成员的精神关怀？若不是，应当如何培育并维护这种精神关怀？
8. 家族是否正在制定家族总体影响力战略？若不是，是否应当着手考虑并思考如何开启这一进程？

延伸阅读

Campopiano, G. and De Massis, A. (2015) Corporate social responsibility reporting: A content analysis in family and non-family firms. *Journal of Business Ethics*, 129(3), 511–34.

Campopiano, G. and De Massis, A. (2017) Family involvement and corporate social responsibility in small- and medium-sized family firms. In F. Kellermanns & F. Hoy (Eds) *The Routledge Companion to Family Business*, Routledge, New York, NY.

Campopiano, G., De Massis, A. and Chirico, F. (2014) Firm philanthropy in small and medium-sized family firms: The effects of family Involvement in ownership and management. *Family Business Review, 27*(3), 244–58.

Campopiano, G., Rinaldi, F.R., Sciascia, S. and De Massis, A. (2019) Family and non-family women on the board of directors: Effects on corporate citizenship behavior in family-controlled fashion firm. *Journal of Cleaner Production, 214*(20), 41–51.

De Massis, A. and Rondi, E. (2020) Covid-19 and the future of family business research, *Journal of Management Studies, 57*(8), 1727–31.

Hsueh, J.W.J., De Massis, A. and Gomez-Mejia, L. (2023) Examining heterogeneous configurations of socioemotional wealth in family firms through the formalization of corporate social responsibility strategy. *Family Business Review, 36*(2), 172–98.

Miroshnychenko I. and De Massis A. (2022) Sustainability practices of family and nonfamily firms: A worldwide study. *Technological Forecasting & Social Change, 174*, 121079.

Miroshnychenko, I., De Massis, A., Barontini, R. and Testa, F. (2022) Family firms and environmental performance: A meta-analytic review. *Family Business Review, 35*(1), 68–90.

Miroschnychenko, I., Miller, D., De Massis, A. and Le Breton-Miller, I. (2024) Are family firms green? *Small Business Economics*, in press.

Smulowitz, M., Vogel, P. and De Massis, A. (2023) What leads to impactful family philanthropy. *ERNOP Conference Best Paper Award 2023* at the 11th International Research Conference of the European Research Network on Philanthropy ERNOP.EU, June 29–30, University of Zagreb, Zagreb, Croatia.

注 释

1. Campopiano, G., De Massis, A. and Chirico, F. (2014) Firm philanthropy in small and medium-sized family firms: The effects of family Involvement in ownership and management. *Family Business Review*, *27*(3), 244–58; Campopiano, G. and De Massis, A. (2015) Corporate social responsibility reporting: A content analysis in family and non-family firms. *Journal of Business Ethics*, *129*(3), 511–34; Hsueh, J.W.J., De Massis, A. and Gomez-Mejia, L. (2023) Examining heterogeneous configurations of socioemotional wealth in family firms through the formalization of corporate social responsibility strategy. *Family Business Review*, 36(2), 172–198; Miroshnychenko, I. and De Massis, A. (2022) Sustainability practices of family and nonfamily firms: A worldwide study. *Technological Forecasting & Social Change*, *174*, 121079; Miroshnychenko, I., De Massis, A., Barontini, R. and Testa, F. (2022) Family firms and environmental performance: A meta- analytic review. *Family Business Review*, *35*(1), 68–90; Miroschnychenko, I., Miller, D., De Massis, A. and Le Breton-Miller, I. (2024) Are family firms green? *Small Business Economics*, in press.
2. Vogel,P., Kurak,M. and Eichenberger,E.（2020）*Family philanthropy navigator*: *The inspirational guide for philanthropic families on their giving journey*. IMD Business School.
3. 同上。
4. 是否为家族的社会影响力建立特定组织，这一决策将取决于家族及其星系的特征，并且该决策应该在仔细评估成本和收益之后做出。
5. 虽然在一些司法管辖区（例如德国），基金会也可以是营利性组织，但在本书中，我们指的是非营利性基金会。
6. 在西方国家，捐赠人建议基金（DAF）是建立家族（企业）基金会的一个可行替代方案，也是使捐赠者（无论是家族、个人还是组织）能够以简单且节税的方式实施社会影响项目的最广泛使用的工具之一。每个捐赠人建议基金都在一个被称为"伞形基金会"（例如，意大利慈善基金会、联合国儿童基金会、救助儿童会、世界宣明会）的基金会下设立，该伞形基金会负责管理捐赠人建议基金，并在慈善项目可行性分析完成时，落实捐赠者确定的目标。捐赠人建议基金可以由捐赠者命名，针对特定社会问题做出回应，有预定的存续期限，并根据捐赠人建议基金董事会制定的指导方针以及捐赠契约所附的规定来管理捐赠，这些规定（类似于基金会章程）明确了捐赠人建议基金的慈善目标。

第 7 章

培养下一代并管理传承

The Family Business Book

- 4.成为并发展负责任的家族所有者
- 6.推动家族参与慈善及社会影响项目
- 3.管理家族企业并理解其独特行为
- 5.管理家族财富与运营家族办公室
- 2.培育家族同时繁衍新家族
- 7.培养下一代并管理传承
- 1.创业家族星系

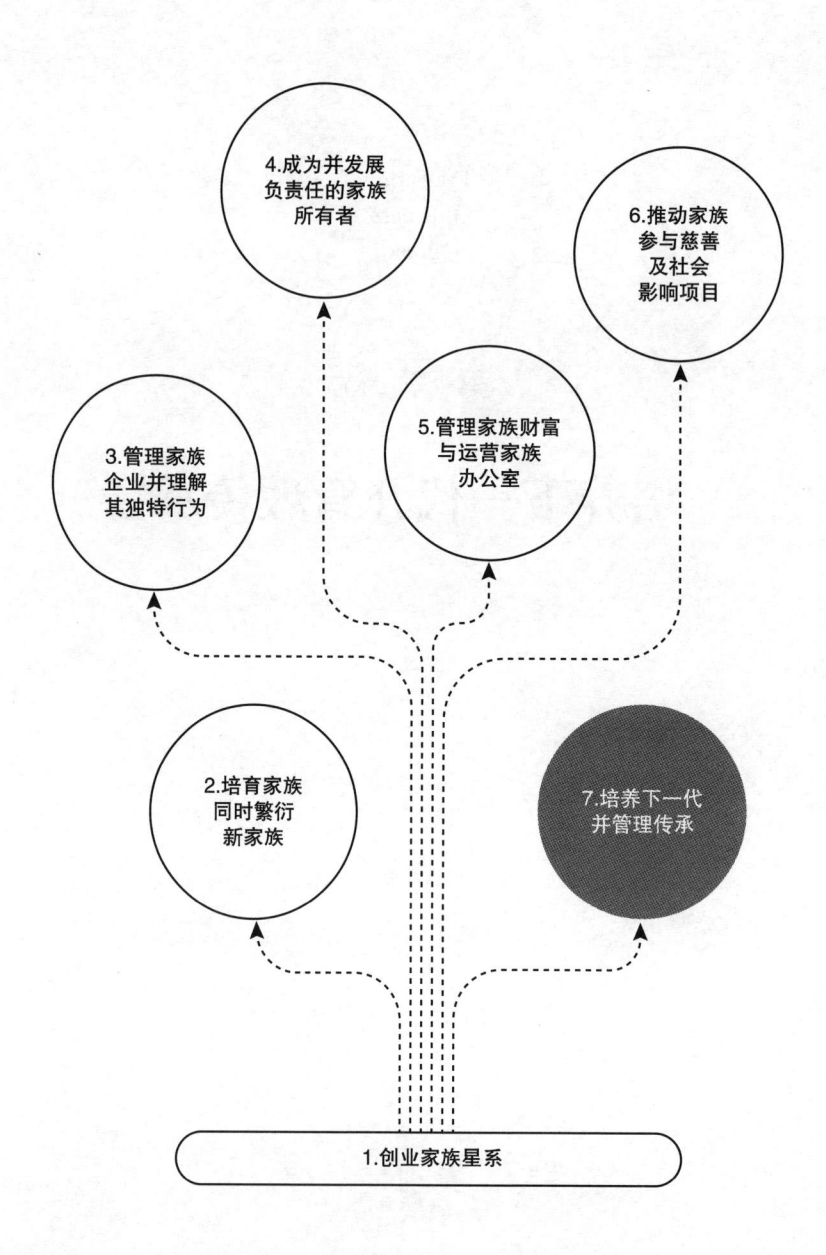

在本书的前几章中，我们详细阐述了创业家族星系的复杂性，探讨了其中的各个组织，分析了它们在星系中的独特之处与作用。这种分析呈现的是星系的静态景象，实际上星系是动态变化的，随着时间发展不断演变。在数代人的历程中，这些家族通过家族成员历经个人生命周期，应对组织动态变化，创造出恒久的家族遗产。创业家族必须改造现有星系组织，创建新型组织，才能适应环境的改变，使子孙后代顺利发展。时间是塑造星系的关键要素，代际过渡则是最为突出的难题之一。

本章我们将从过程视角剖析创业家族星系，探究其随时间演变的规律，以及面临的关键挑战和应对策略。本章分为三部分：首先，我们研究了代际过渡的风险，以及处理艰难传承的一些有效做法；其次，我们探讨如何让下一代参与家族星系，提出了一系列助力他们成长的举措，特别是通过家族学院、家族人才库和家族孵化器等培养下一代；最后，我们分析创业家族怎样延续生命力，如何借助家族遗产成就世家，审视创业家族在实现代际繁荣中极为关键但容易被忽视的角色——"家族创造者"。

传承困难之因：代际过渡的问题

传承常被视作家族企业的一大挑战，它是影响力与控制权在世代之间转移的一系列行动、事件和过程。[1]有关家族企业传承的案例很多，相关轶事不计其数，已经发表的研究成千上万。权力交接并非仅发生在企业之中，还存在于构成家族星系的所有组织与实体中。传承对家族及其所有利益相关者是一个极为关键、紧密相关且高度敏感的话题。这种敏感性源于传承会让人想到死亡，会引发人们对生命有限性的思考，以及恐惧与情感上的不适。对于创业家族而言，探讨传承意味着承认上一代终将失去权力，接受下一代或其他人接管的可能。上一代可能不愿放权给下一代，下一代也可能觉得自己缺乏领导的合法性，但也有乐意交班的上一代，以及有领导意愿和能力的下一代成员。

每个家族都有其独特的情况与挑战。但我们的研究与咨询工作表明，传承过程中存在一些反复出现的挑战（见图7-1）。从现任者角度看，两大挑战是"克隆欲望综合征"和"放手综合征"；从继任者角度看，两大挑战是"创始人阴影"和"家族企业牢笼"。

克隆欲望综合征 "克隆欲望综合征"是指现任者期望（且固执于）下一代成为自己的翻版。大多数创业家族普遍存在一种不切实际的想法，即继任者应复制现任领导者的品质、技能与决策方式。这种复制的渴望源于现任者希望继任者经历相同的困难，仿佛克服相同挑战就能使继任者变得与现任者同样优秀和有能力。但每个人都有独特的技能、优势与天赋，执着于复制自己的想法既不符合生物学规律也不现实，还忽视了继任者为家族企业或家族星系的其他组织带来新视野、新技能与新想法的可能性。对于继任者来说，达不到现任者的期望会令人沮丧，甚至会使他们与星系组织疏远。当今环境变化迅速，过去有效的方法未来未必可行。即使是家族企业的继任者，模仿现任者的压力也可能抑制他们的创新思维，使其不敢尝试新想法，或害怕偏离既有做法。此外，"克隆欲望综合征"还会将不符合传统继任者形象的家族成员排除在外,错失从更广泛的人才与视角中获益的机会,而这些人才与视角或许能以不同方式助力创业家族成功。为克服"克隆欲望综合征",创业家族应接纳多样性,鼓励创新,着重培养秉持核心价值观且能适应变化环境的下一代成员。与其让下一代适应星系,不如调整星系以适应下一代成员的特质。

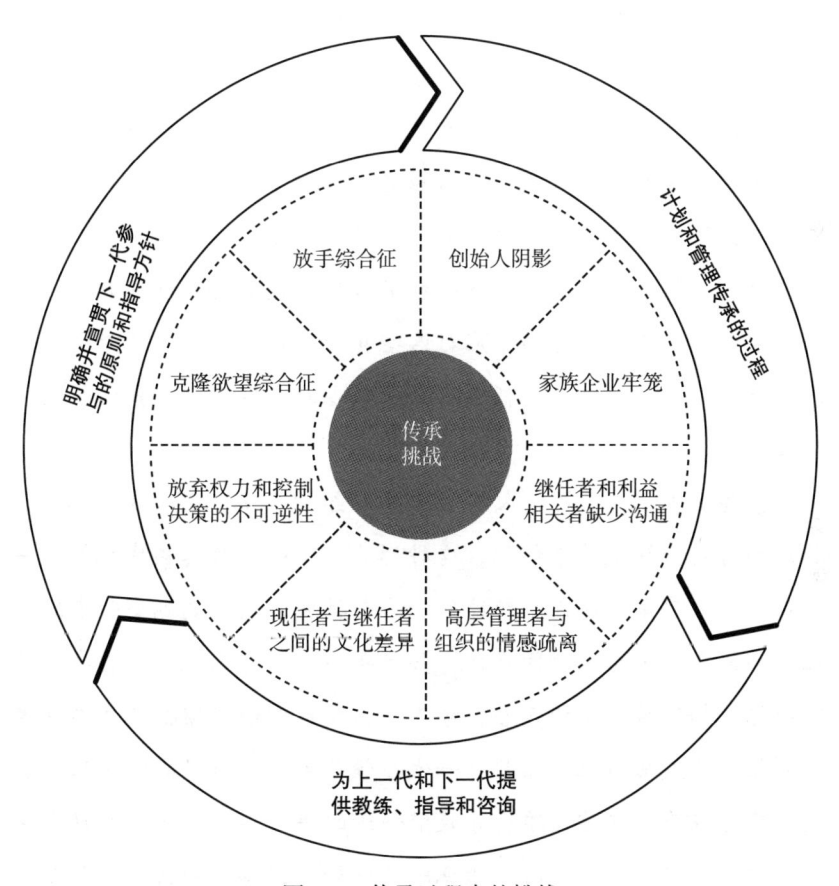

图 7-1 传承过程中的挑战

放手综合征 "放手综合征"是指现任者，尤其是创始企业家，在考虑将权力与控制权交接给下一代时面临的情感困境，这种情况在家族企业传承规划中较为常见。现任者在家族企业建设与发展中投入了大量精力，对企业放手意味着自己切断了与视为自身一部分且充满情感的事物的联系，从而产生失落感，甚至会冲击自我价值感。通常，"放手综合征"会因对继任者能否维护家族遗产与声誉的疑虑加深而加重，习惯掌控组织决策的现任者可能担心在代际过渡中失去控制权，对继任者的管理能力缺乏信心。放手要求现任者从积极的领导角色向顾问角色转变，这可能导致沟通障碍，因为现任者难以坦诚表达自身感受与担忧。这就需要现任者找到一种平衡方式，既能公开透明沟通，又能保持适度参与，给予继任者领导自主权。经验显示，将组织领导权交给下一代需要对继任者充分信任，专业指导与支持有助于应对这些复杂过渡，帮助继任者树立合法性与信心，也能帮助现任者在退位后重新定位自我，找到新的人生目标。

创始人阴影 "创始人阴影"是指组织创始人退休或离世后，其影响力仍持续笼罩着组织，这种影响对下一代极具挑战性。下一代在承担领导角色时面临特殊的压力与挑战，包括高期望带来的重压，如何在传统与创新间平衡，如何在创始人影响下确立自身的独特身份，如何维护家族声誉，等等。由于人们会习惯性地拿继任者和创始人的成功对比，因此下一代在领导企业应对挑战时一旦失败就会格外艰难。这些困难会导致继任者的决策僵局，这对在动态环境中竞争的组织极为危险。为克服"创始人阴影"的挑战，创业家族可采取导师计划、领导力发展计划、寻求专业建议等方式，促进代际的平稳过渡，让下一代既能尊重家族遗产，也能在家族星系组织中找到自己的道路。

家族企业牢笼 "家族企业牢笼"是指下一代作为创业家族成员，以为自己只能选择是否进入家族企业，因而产生被困之感，担忧自己的选择对家族关系的潜在影响。这种困境的根源在于家族过度聚焦企业，仅从企业内部看待利益与后果，限制了家族成员的职业选择范围。这种观念在家族企业研究与咨询中较为常见，一些专业人士常把企业当作家族的中心来分析，甚至将企业的生存置于家族幸福之上。选择加入家族企业后又想离开的下一代成员同样面临类似的困境。如果采用创业家族星系的视角，就能拓宽下一代成员的职业路径选择，除了家族企业之外，他们还可以选择家族办公室、家族基金会、家族房地产公司、家族博物馆等星系内的组织，甚至在星系外的组织找到新的职业路径，继续为家族贡献力量。让下一代在家族星系内（外）找到最能发挥才能与潜力的方式，增强他们的参与感、责任感与自主性，这些正是家族维持星系稳定所需的向心力（包括意愿与能力），具体可以参见第1章关于维持家族星系长期稳定的向心力的讨论。家族成员通过家族角色或者企业角色等多种方式为家族星系做贡献，其中家族角色包括家族活动家、家族委员会成员、慈善与社会文化贡献者，企业角色包括积极的家族所有者、企业家、家族企业管理者或董事会成员，这样有助于增强下一代的自由感与归属感。通过这样的方法，能造就一批积极为家族星系发展贡献力量的下一代成员。

传承过程中的其他挑战

除了"克隆欲望综合征""放手综合征""创始人阴影"以及"家族企业牢笼"外,家族企业在传承过程中还要应对另外四个挑战。

(1)继任者和利益相关者缺少沟通:很多传承未能顺利推进,原因是创业家族没有向利益相关者妥善说明领导权转移过程。例如,家族企业的关键利益相关者,像部分家族成员、企业客户、银行和供应商,可能与继任者接触不足,没有培养和管理好与继任者的关系,以至于继任者在接手时,缺乏领导工作所需的社交网络与合法性。

(2)高层管理者与组织的情感疏离:有记录显示,在传承过程中,关键的高层管理者由于对继任者缺乏感情、信任与信心而选择离开组织,这也是传承失败的原因之一。虽然领导权的代际过渡需要引入新的合作者,但在上一代领导下工作的管理者们拥有丰富经验、成就记录和人脉关系,他们能助力内部与外部的平稳过渡。

(3)现任者与继任者之间的文化差异:许多家族忽略了现任者与继任者可能存在显著文化差异这一事实。创始人通常白手起家,而继任者出生在较富裕的环境中,二者成长和生活的环境不同,动机也有差异,因此会出现文化差异(详见第2章)。即使在同一代人中,如果兄弟姐妹、堂表亲或其他亲属间的年龄差距较大,也可能出现类似的文化差异。

(4)放弃权力和控制决策的不可逆性:家族往往忽视传承是个长期过程,而且这个过程是不可逆的,一旦开启就需坚定信念并全力完成。如果这个过程中决策发生逆转,家族会在有形资产和无形资源(如声誉、合法性和情感)方面付出高昂代价。

图7-1概括了传承挑战，并给出三个有助于简化传承过程的行动方案：①明确并宣贯下一代参与的原则和指导方针；②运用项目管理的方法计划和管理传承的过程；③为上一代和下一代提供教练、指导和咨询。[2]

阻碍传承的因素

除了上述的传承挑战，还有其他几个因素可能妨碍代际过渡。[3]第一，在个人层面，下一代成员可能缺乏承担角色的能力或意愿。第二，在关系层面，结婚、离婚、再婚和生育等重大家族重组事件会影响家族关系，引发冲突、竞争并破坏信任（见第2章的描述）。这些家族内部的挑战可能升级，蔓延到星系中各个组织的非家族成员，侵蚀信任与组织文化。第三，无法承受传承相关的税务负担或为其他继承人退出提供的资金，类似的财务因素也会破坏代际过渡，致使家族成员出售部分星系组织或资产。第四，长期危机[4]、通货膨胀、业务绩效变化等外部冲击会影响下一代传承的意愿和能力。第五，对于传承过程及其挑战缺乏清晰沟通、下一代培训不足或未能为现任者确定退出途径，也会阻碍星系中的代际过渡。

为应对这些传承挑战，创业家族必须理解并处理好导致这些挑战产生的潜在矛盾，这在当下尤为关键，因为大多数传承仍出于自然原因（主要是死亡）发生，且现任者寿命延长，与继任者共存时间变长。这些情况导致企业中出现多代人，即上一代、主力一代和下一代，有时因星系中不同家族分支亲属的年龄构成不同，会同时存在四代人或五代人（见第2章对多代人的特征描述），这意味着继任者可能需要长时间等待才能担任领导角色。

尽管家族传承常被简化为与管理过渡相关的技术问题，如法律、财务和税务等，但只关注这些技术问题还是不够的。许多家族传承失败的实际原因不在于技术问题，而在于一些看上去有些"软"的问题，比如管理、教育、心理和社会学等层面的问题。

基于实证研究[5]，我们发现创业家族上一代与下一代成员增进相互理解对于代际过渡非常重要。时间取向是多代创业家族动态中的关键要素，上一代与下一代用不同的时间取向，即每一个人对过去与未来的侧重不同。当代际沟通与互动低于一定水平时，代际冲突就会出现，这不仅会引发心理压力，还会对家族及其企业的整体福祉构成潜在威胁。我们不把代际过渡当作简单的接力传递，而是关注不同世代的人如何相互影响与理解。

我们需要引入"代际经纪"的重要概念，也就是为了弥合不同年龄群体对过去和未来的看法鸿沟。在这个过程中，调解人（也被称为"代际经纪人"）致力于营造更具建设性与协作性的氛围，他们的干预被视为化解矛盾、促进家族成员间更深入相互理解的关键。我们的研究表明，调解人理解现任者与继任者对过去和未来赋予的不同意义，确保他们相互理解各自的时间取向，并在促进建设性代际关系方面发挥着至关重要的作用。

在本章的剩余部分，我们将阐述如何从创业家族星系的动态视角去应对上述的管理代际过渡的挑战，促进下一代参与，确保创业家族世代繁荣。介绍了传承的关键挑战之后，我们将揭示一系列克服这些障碍并成功管理传承的最佳实践。

管理传承的最佳实践

当我们审视传承管理的正确与错误做法时，首先要明确"传承成功"的内涵。传承成功意味着实现领导权与所有权从一代到下一代的平稳转移，确保家族及其各类星系组织持续繁荣。传承成功需要满足四个条件：第一，家族团结与和谐，这需要清晰的沟通、冲突解决以及对家族成员关系基础（如价值观、指导原则、信念）的深入理解，家族满意度还涵盖家族关系的稳固程度、参与程度、内心平和与幸福感的强弱。第二，传承成功需要利益相关者的满意，涉及员工流动率，客户、供应商和员工的参与度与满意度，以及社会和环境的影响。第三，家族企业需要创业发展，包括新创业举措的创建率、家族成员的创业意图和获得资金的机会。第四，企业不能忽视通过不同指标（如投资回报率、股权回报率、收入利润率和市场份额）衡量绩效。

图 7-2 概括了传承成功的关键维度，考虑了代际过渡前后各维度的变化（Δ）。重要的是，成功应依据目标达成情况评估，因为不同维度对不同创业家族的重要性因传承目标而异。

我们的研究与咨询工作让我们有机会观察并分析众多传承案例，包括成功与不成功的传承。基于对成功传承中常见的优秀实践和不成功传承中常见的不良实践的识别，我们构建了管理传承的最佳实践框架，详见图 7-3。该框架将最佳实践分为六类，其中四类按照传承过程主要阶段展开，即传承规划、潜在继任者的培训与发展、继任者的选拔和传承过程的结束，另外两类贯穿这些阶段，即家族内部关系管理和与非家族成员关系的管理。这些实践对星系中的每个组织都适用，但创业家族需全面把握情况，要有整体观，并协调整个星系中不同组织的代际过渡，以保障整个过程顺利推进。

因素	关键绩效指标
家族满意度	· Δ家族团结与和谐 · Δ家族关系的稳固程度（亲密程度、频率、情感） · Δ家族成员的参与程度 · Δ平心平和与幸福感的强弱
其他利益相关者的满意度	· Δ员工流动率 · Δ客户、供应商、员工等的参与度和满意度 · Δ社会和环境的影响
家族传承绩效	· Δ净资产价值 · Δ基准比较 · Δ投资组合收益率
创业发展	· Δ新创业举措的创建率 · Δ家族成员的创业意图 · Δ获得资金的机会
企业绩效	· Δ投资回报率 · Δ股权回报率 · Δ收入利润率 · Δ市场份额

图 7-2 传承成功的关键维度

在传承规划的初始阶段，制订所有权分配计划极为关键，要在家族成员及其他相关方之间战略性分配所有权。精心规划继任者的进入，确保他能顺利过渡到领导角色也很重要，为此必须确立明确的潜在继任者培训和选拔准则，并引入反馈机制（如关键绩效指标）监控进展并完善传承过程。在传承早期，与家族成员和关键利益相关者有效沟通并分享传承计划，对该阶段的成功意义重大。

图 7-3 管理传承的最佳实践框架

传承规划	潜在继任者的培训与发展	继任者的选拔	传承过程的结束
·制订所有权分配计划 ·规划继任者的进入 ·定义选拔和培训继任者的准则 ·引入反馈机制以控制传承过程 ·确保与家族成员和关键利益相关者沟通并分享传承计划	·构建正式的教育和培训计划 ·明确界定进入要求 ·在潜在继任者加入企业之前启动培训活动	·制定客观的选拔标准 ·向潜在继任者和其他相关方传达标准 ·让外部人员参与潜在继任者的评估和选拔 ·安排对潜在继任者的频繁和定期评估	·正式确定现任者和继任者的新角色,定义一段高层合作期 ·继续对继任者进行评估 ·利用传承机会进行组织更新 ·在领导权转移的同时完成所有权转移

家族内部关系管理

·在家族治理体系中引入家族委员会,主要功能是向年轻一代传递家族价值观、改善家族成员关系、调解潜在冲突和吸引下一代
·设计一个全面的治理体系,在家族委员会中讨论家族问题,在董事会中讨论所有权问题,由高层管理团队讨论业务问题

与非家族成员关系的管理

·对进入家族企业或家族星系其他组织中的非家族成员采取开放态度
·在传承驱动的企业重组中让非家族管理者参与

图 7-3 管理传承的最佳实践框架

潜在继任者的培训与发展需要构建正式的培训计划(下一节详细介绍),明确潜在继任者的进入要求,如学位、学习背景、家族企业外的专业知识、语言要求等,并在他们正式进入企业前启动早期培训活动。在继任者的选拔阶段,制定客观的选拔标准,让外部人员通过进入选拔小组参与选拔过程,在通常持续 7~10 年的传承过程中安排频繁的绩效评估,这有助于使新的继任者获得合法性,并促进潜在继任者全面发展。传承过程的最后阶段侧重于正式确定现任者和继任者的角色,定义离任和新任领导者间明确的合作期,

并规划现任者的逐步退出。传承完成后，建立对继任者定期评估的程序，确保持续评估绩效，使权力与责任相匹配。

利用传承的机会进行组织变革具有战略意义。研究表明，多数成功传承与组织变革同步发生，因为传承为创新与变革提供了理想环境。[6] 研究还显示，在成功的传承案例中，协调所有权、治理权与领导权的并行转移较为常见，这可以确保领导角色平稳同步过渡，我们还注意到，在合作过的许多成功家族中，领导权、治理权和所有权的传承并非同时发生。因此，虽在图 7-3 的框架中纳入此点以如实反映证据，但我们并不强力推荐将其作为最佳实践。我们提出的框架认识到这些元素的相互关联性，并强调了在创业家族背景下管理传承的复杂性和重要性。

此外，该框架还考虑了另外两类最佳实践。它主张通过建立家族治理结构（如家族委员会）管理家族内部关系，并鼓励设计全面的治理体系，利用家族委员会、董事会和高层管理团队厘清家族所有权，以及家族星系中每个组织的利益。管理与非家族成员的关系也很重要，其中的一个最佳实践是对在家族星系组织中纳入非家族成员采取开放态度，鼓励他们积极参与传承驱动的企业重组。事实上，研究表明，非家族成员因对企业的情感依恋程度低于家族成员，在现任者与继任者发生冲突时，在改变现状、促进平稳传承方面可能发挥重要作用。[7] 这种对非家族成员的包容态度旨在借鉴不同观点与专业知识。本质上，如图 7-3 所示的框架不仅概述了传承过程不同阶段的最佳实践，还考虑了在创业家族中有效管理传承所必需的更广泛的组织和关系因素。

为使传承过程顺利进行，现任者和继任者需要找到与个人、组织和星系特征相适配的退出和进入方式。图 7-4 概括了一些可行方式。在下一节，我们将深入探讨创业家族如何让下一代参与星系。

开发者
在星系中开展新的创业活动并构建新组织

协调者
管理当前资产

创新者
改进和更新现有组织

倡导者
通过社会和文化举措促进家族的积极影响

守护者
促进家族凝聚力和团结的催化剂，以维持家族传承

继任者的进入方式

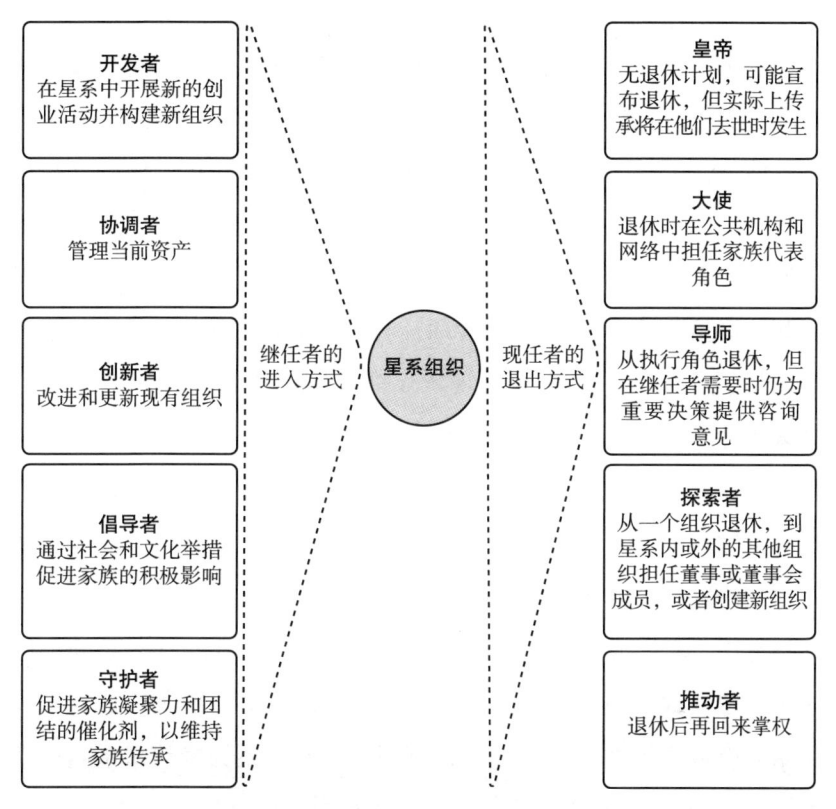

星系组织

现任者的退出方式

皇帝
无退休计划，可能宣布退休，但实际上传承将在他们去世时发生

大使
退休时在公共机构和网络中担任家族代表角色

导师
从执行角色退休，但在继任者需要时仍为重要决策提供咨询意见

探索者
从一个组织退休，到星系内或外的其他组织担任董事或董事会成员，或者创建新组织

推动者
退休后再回来掌权

图 7-4　现任者可能的退出方式和继任者可能的进入方式

让下一代参与

前文提到的那些和下一代相关的传承挑战中，创业家族往往只会考虑下一代参与家族企业，仿佛进入家族企业是家族传承的唯一

路径。这些创业家族一般只专注于确定加入家族企业的相关标准，如商业和管理学位、外语能力、国外生活年限、职业资历和行业经验等。

这种做法并不全面，从更全面的创业家族星系的视角来看，我们能发现下一代成员可以在各个星系组织中发挥作用，为创业家族的发展与繁荣助力。这些角色多种多样，与本书讨论的核心支柱相关的就有以下角色：家族中的角色（第2章）；家族相关企业中的领导、治理和所有权角色（第3章和第4章）；企业之外的风险投资和投资角色（第5章）；慈善和社会影响项目中的角色（第6章）。换句话说，多数家族传承的视角仅涉及家族成员担任家族企业的管理角色，但从创业家族星系的视角来看，可以为上一代、主力一代和下一代提供更多的传承机会，除了家族企业的管理者这个角色之外，家族成员还可以扮演许多其他角色，如所有者、企业家、董事、慈善家、家族保管人或家族协调人。

此外，家族成员若选择在家族组织外发展事业，在星系外也能承担许多其他角色，且仍可对家族星系发展有益。例如，成为家族星系外企业高管的下一代成员，可利用人脉关系为家族星系组织推荐资源，或提供外部知识与技能，从而为家族星系发展贡献力量。即使他们选择做专业人士，如艺术策展人、医生、建筑师或律师，也可凭借其专业能力来支持创业家族。

创业家族有责任设计并配备适合年轻成员成长的组织来培养和发展下一代。培养下一代的有效方法是建立家族学院（也可称为家族人才库或下一代学院）。家族学院负责培养下一代，激发他们为创业家族星系可持续发展贡献力量的意愿与能力。家族学院促进新一代的持续教育与发展，构建坚实的人力、社会和智力资本基础，支持他们在创业家族组织内外的职业选择，以巩固他们对星系的承诺与贡献。家族学院旨在开发有助于识别与培养每个家族成员的态度、意愿、技能和才能的方法、工具与流程。家族学院的主要目标是促进代际与代内沟通，提升个人与集体意识及知识水平，并提供有针对性的发展机会。

家族学院有六个基础（见图7-5）：①倾听和理解，②教育，③指导，④支持创业举措，⑤内部和外部网络建设，⑥激励。

家族学院可作为收集下一代需求、意愿和态度的平台，促进世代之间的倾听和理解。创业家族设立下一代董事会或家族委员会，为他们提供一个平台，就与自身在星系中的成长、职业和前景相关的事项发表意见，鼓励他们参与以培养主人翁意识和塑造家族遗产的积极性。此外，汇总家族成员的技能与经验，有助于确定下一代与星系组织的合作领域，促进教育途径确定与职业支持信息分享。为确保下一代的透明度与可见性，创业家族通常会开发数据库以记录家族成员的技能、专业知识和才能。

除此之外，下一代应从小参加家族大会（见第2章），参与家族讨论，与其他家族成员建立关系，以便感受与传承家族文化。如果家族规模大且成员分布于多国，直接与每个成员互动可能困难，为了确保家族成员在家族内自由表达观点与交流想法，可编制调查表并以匿名或实名形式分发给所有或部分家族成员。调查表包含开放式和封闭式问题，并以汇总或详细形式呈现给家族成员。

家族学院的基础	家族学院的举措
倾听和理解	·下一代董事会或家族委员会 ·人才库 ·家族大会 ·调查
教育	·课程和研讨会 ·讲故事 ·第一手经验（如实习、董事会观察） ·榜样观察 ·游戏化方法
指导	·教练 ·导师指导 ·咨询 ·心理支持
支持创业举措	·家族孵化器 ·家族风险投资 ·外部创业（如商业计划竞赛或创业黑客马拉松⊖） ·内部创业（如创新挑战、创新中心、开放创新举措）
内部和外部网络建设	·外部：参加专业协会、峰会、会议、展览 ·内部：代际和家族内活动及静修 ·团队建设活动
激励	·行业相关展览 ·软技能研讨会和活动 ·当前趋势、全球视角和技术进步讲座及讨论

图 7-5 吸引下一代的举措

⊖ 黑客马拉松，也称为黑客松，是一种在特定时间内，由开发者、设计师、创业者等技术和创新相关人员聚集在一起，通过合作、创新和竞争来开发软件、应用、产品原型或解决问题的活动形式。活动通常会设定一个较短的时间范围，一般为 24 小时到数天不等，在这段时间内，参与者需要集中精力完成项目开发。参与者通常会组成团队，团队成员之间需要密切合作，充分发挥各自的专业技能和优势，共同完成项目目标。活动期间，参与者需要保持高度的专注和投入，自行规划时间、确定任务分工、选择技术方案等，充分展现自主性和创造力。活动的目的是促进创新，鼓励参与者突破常规思维，尝试新的技术、方法和创意，为解决实际问题提供新颖的思路和解决方案。具体目的包括两个方面，①挖掘人才与项目潜力：为开发者、创业者等提供展示才华的平台，发现优秀的技术人才和具有商业潜力的项目，为后续的创业、投资等提供机会。②解决实际问题：针对特定的行业问题、社会问题或技术难题，通过集体智慧和协作努力，寻求切实可行的解决方案，推动相关领域的发展和进步。——译者注家族学院的第二个目标是教育下一代。教育内容丰富多彩，涵盖家族历史与遗产、家族价值观、愿景和目标、家族企业所在行业和市场现状、负责任的所有权、创业精神、慈善、社会影响项目、财务和家族财富管理等诸多方面。教育方式多种多样，包括让下一代参加相关课程和研讨会以获取基本知识与技能，或者在专家、顾问、家族资深成员和星系组织中非家族成员的协助下，为创业家族量身定制专门课程。比如说，让在家族办公室工作或曾负责财务事务与投资管理的人员参与财务课程的设计和教学，赋予下一代管理财富的知识与技能，使其符合家族的价值观与愿景。家族博物馆的工作人员或家族中的长辈可以通过讲述创业家族的创业故事，分享他们的成功故事、遇到的挑战、从错误中吸取的教训以及克服困难的经验，这些有助于培养下一代对创业历程的深度理解。[8]家族学院的教育形式有让下一代亲身体验商业环境，包括参观工作场所、实习、参加行业活动，或者旁听董事会关于商业战略的讨论（董事会观察）。此外，如果父母展现出强烈的职业道德、面对挑战的韧性和对创新的热情，下一代观察他们的行为也可以受到启发和教育。教育方式需吸引下一代的注意，找到引起他们兴趣的方法，例如借助新颖的数字工具和游戏化的方法。

家族学院还可以通过教练、指导、咨询和心理支持引导下一代成员，促进他们的个人与专业发展。我们的咨询工作经验表明，教练、指导、咨询常被混淆，但它们指的是不同的活动。具体而言，教练是一种个人发展的方法，教练陪伴并支持客户达成特定个人、专业或体育的目标，根据领域不同有不同类型的教练，如生活教练、健康教练、商业教练、心理教练等。指导是一个培训过程，导师帮助、陪伴、引导和促进被指导者的个人与专业发展，导师与被指导者必须建立相互信任关系。咨询是为处理个人或心理问题的个人提供支持与指导，咨询的目的是帮助个人克服挑战、应对困难并提升幸福感。咨询师是经过培训的专业人员，他们使用各种治疗技术解决压力、焦虑、关系问题等。咨询会议通常保密，可能涉及探索感受、想法和行为，以帮助客户获得洞察力，并在生活中做出积极改变。心理支持涉及在下一代成员面临挑战，寻求个人成长和管理抑郁、焦虑等情绪时，帮助他们维护情感与心理健康。解决与家族动态相关的问题，如兄弟姐妹竞争、达到家族期望的压力或作为富裕家族成员的压力，对下一代心理健康至关重要。通过心理支持提高家族成员的情商，有助于家族成员更好地理解与管理人际关系和冲突。

家族孵化器和家族风险投资也可以支持家族内部的创业举措，为潜在继任者提供实际培训平台，让他们在受控的环境中磨炼创业技能。家族孵化器包括各种支持新企业的计划，如引入种子基金，为家族成员发起的创新想法和创业企业提供财务支持，还可以组织内部商业计划竞赛或创业黑客马拉松，激发他们的创造力，鼓励家族成员开发与展示创新商业想法。一些创业家族为每个家族成员分配一定金额的资金，让他们作为企业家进行试验，让他们将商业想法转化为初创企业，或者作为投资者识别有潜力的新企业并吸引外部资金。

家族通常要求希望创业或者投资的家族成员要与创办或者投资的企业有利益或财务关系。这样，如果创业者的决策或行动产生负面后果，或者投资的企业表现不佳，他们将面临切实的利益损失。

这种做法同样适用于内部创业，内部创业有助于在家族星系现有组织内推广创新解决方案，例如通过创新挑战、创新中心或其他开放创新举措。对于在星系中的家族企业或其他组织的内部创业者而言，这些实践经验对培养他们的信心与能力至关重要。

创业家族支持创业举措，也解决了大多数家族都会面临的一个严重问题：每一代至少缺乏一名企业家。创业举措在家族世代之间培养创业思维，培育创新与适应文化。创业思维不仅有助于单个继任者成功，还通过增加业务多元化和吸引下一代参与家族事务，为实现家族遗产的可持续性奠定基础，使家族星系能应对挑战与机遇，并扩展星系的发展空间。

为下一代创造与外部参与者建立联系的机会，对他们的整体发展和未来成功极为关键。建立外部网络对寻找合作伙伴和业务增长很有价值，也可以为家族星系在边界之外提供重要学习与成长机会。通过与家族圈子外的互动，下一代成员可获得不同观点、行业见解以及个人与专业发展机会。通过加入专业协会，参加行业活动，参与家族企业的国家和国际分部等网络，家族成员可结识其他家族中曾经或正在面临类似挑战的同龄人，并通过分享的经验获得启发。参加家族企业峰会或展览也能达到类似目的，这些外部网络提供全球视角，增强适应性，并为合作提供平台，有助于下一代在动态商业环境中取得长期成功。在一个大家族中，维护内部网络也必不可少，例如通过组织家族活动和静修来建立和加强家族关系。还有一些专门为下一代成员量身定制的活动，让生活在不同国家和地区的年轻家族成员相互了解，分享他们的爱好和兴趣，促进家族关系并推动团队建设。这些社交活动致力于促进代际联系，鼓励不同家族分支之间的对话，分享过去的故事和未来的愿景。

为了激励下一代培养探索、创新和多元的思维方式，家族学院应推出一些拓宽视野和鼓励个人成长的举措。比如说，常见的行业展览可以让家族成员接触各个行业和职业，可以培养他们对家族企业外的行业和专业的广泛认知。鼓舞人心的研讨会和活动也会造福下一代，提升他们的软技能，比如口头和非口头沟通能力、问题解决的能力、批判性思维、谈判技巧、情商和时间管理能力等。下一代想要在不断变化的环境中探索，这些做法能提供必需的见解和技能，培养前瞻性的思维方式。此外，关于全球视角、当前趋势和生成式人工智能的讲座和讨论有助于下一代构建全面的知识基础，使个人做出明智职业决策，为长期成功做好准备。此外，这些举措为下一代和行业专家与同龄人建立联系提供了平台，有助于促成指导关系、合作机会和职业发展方面的关联。

总之，创业家族的传承过程是一场多代人的博弈，积极投资于旨在培养下一代家族成员的组织对家族的长期成功不可或缺。家族学院、家族孵化器和家族风险投资公司等星系组织是这场博弈中的关键工具，有助于权力的平稳过渡，并培养家族后代的创业思维。这些组织和相关举措对下一代的发展与参与至关重要，但上一代和主力一代也可从中获益。创业家族想要持续繁荣，就要认识到家族成员长期参与的重要性，而这些组织和举措不仅提供实际培训，还宣贯了领导家族所需的价值观和承诺，这样有助于创业家族历经多代而不衰。在下一节中，我们将探讨如何促进创业家族的世代繁荣。

行动框7A：设计下一代参与计划

🎯 目标

本活动旨在设计吸引下一代参与创业家族的举措，教育他们并让他们知晓在创业家族星系的现有及潜在组织中可能承担的角色。

👥 参与者

第一阶段为家族领导者；第二阶段为家族领导者与下一代成员。

👤 主持人

建议邀请非家族成员（如顾问）担任主持人。

🕐 时长

第一阶段每年两次会议；第二阶段每年一次会议。

✏️ 所需材料

为家族成员准备一张大纸（用于复制图7-6）、彩色马克笔、便利贴，以及每个家族成员都有的小笔记本或单页纸。

🔀 流程

第一阶段

在两次会议期间，家族领导者需思考家族学院期望达成的关键目标与学习成果，接着确定当前举措，并利用图7-6探索潜在的未来举措，设计一系列活动。同时要明确每个举措的目标受众（如整个家族、下一代、18岁以下年轻家族成员或现任所有者）、活动时间以及负责人与把控进展的人员。举措确定后，即可进入第二阶段。

家族学院的基础	目标和预期成果	当前举措	未来举措	目标受众	时间安排	责任人
倾听和理解						
教育						
指导						
支持创业举措						
内部和外部网络建设						
激励						
其他						

图 7-6　家族参与规划

第二阶段

在与所有家族成员的会议上，家族领导者介绍家族学院的目标与设计的举措，与家族成员互动并获取反馈，引导他们开启学习旅程。此次会议可进行记录，以便错过会议的目标家族成员后续能参与。

创业家族成为商业世家需要缓解的10种紧张关系

创业家族以其长远眼光著称，既着眼未来，具有长期视野和创新意识，关注子孙后代的可持续性，又重视过去，拥有历史根源、家族传统与遗产。家族遗产涵盖家族成员的历史、家族事件、家族仪式和记忆，与商业及财富相互交融，是一种集体或共享的认知，反映了与家族相关、随着时间流逝而不断积累、独特而连续的意义流。家族遗产还涉及创业家族的影响、价值观和贡献，能在家族成员世代之间传承共享，持续塑造他们的目标、态度与行为。要让创业家族成为商业世家，就需要家族成员守护家族遗产，培育下一代新兴人才，多代持续参与创业，为星系的长久与成功贡献力量。成功的创业家族需做好传承规划和创新，使星系适应家族与外部环境的变化，充分利用好家族遗产，为家族的后代打造商业世家。

为了实现这个目的，创业家族要认识到组织与家族成员的短暂性，明白连接过去、现在与未来的重要性，以推动创业家族的代际发展。那些在经济周期与内外逆境中精心培育家族文化的家族，才能够历经多代繁荣并成为商业世家，为此他们要缓解10种典型的紧张关系（见图7-7）。

能力与意愿 意愿体现为家族成员对家族星系组织积极贡献的使命感和忠诚度，它支持家族的共同目标并维护家族凝聚力。能力则反映家族成员在家族星系组织中获取与分配资源的裁量权。如果家族成员既有贡献的意愿，又有资源的支配权时，他们对家族星系组织的贡献会大幅提升。与之相反，如果家族成员缺乏为创业家族长远成功投资的意愿，即便他们有能力管理家族星系组织，分配财务与运营资源，促进联系与共享信息，也很难有实际贡献。意愿与能力有时是相互矛盾的，比如说在技术创新时，创业家族往往有较强的创新能力，但意愿却较低，因此会带来独特的行为与绩效。正如第1章所述，意愿与能力是星系的两大向心力，要在星系组织的复杂性与家族结构间找到恰当平衡，才能真正形成向心力，这对创业家族的世代繁荣与活力极为关键。

家族与企业 家族成员常扮演亲属与同事或所有者与下属的双重角色，将个人关系与职业责任混在一起，这种复杂的相互作用会引发紧张关系，并会形成裙带关系，以及沟通上的冲突。[9]如果家族与企业之间的界限处理不当，未解决的家族中的冲突可能会阻碍企业的决策，企业中的冲突也会影响家族关系，甚至会涉及不在企业任职的亲属。

紧张关系		
能力	vs	意愿
家族	vs	企业
团结	vs	个性
传统	vs	创新
透明	vs	保密
平等	vs	公平
控制	vs	自主
根基	vs	翅膀
承诺	vs	胜任力
流动性	vs	增长

图 7-7　代际繁荣需缓解的 10 种紧张关系

团结与个性　团结强调的是创业家族协作和共享的价值观，以及对家族企业成功与和谐关系的集体承诺。家族成员密切合作、分担责任，能营造团结氛围，有利于企业的持续与增长。与此同时，创业家族必须认识并尊重个人的优势、愿望与界限，确保家族成员有表达自我的自由。通过明确的参与计划与治理结构达成团结与个性的平衡，可以为家族与企业的繁荣培育健康且可持续的环境，确保每个家族成员有贡献自己独特的技能与观点的空间，而不会受家族期望束缚。

传统与创新　创业家族坚守世代相传的既定做法、价值观与经营方式，能带来连续性、共同的身份认同与稳定感，是基业长青的基础。但在动态的市场中，企业为保持竞争力，需采用新技术，探索新商业模式，适应不断变化的消费者需求。因此，在传统与创新间找到平衡，营造既重视传统又重视创新的文化，有助于家族企业在不同世代间保持韧性与可持续发展，对家族企业的长远成功至关重要。前文已经介绍过在家族企业背景下的创新策略所蕴含的潜力，以及通过新技术和新含义内化和重新诠释传统要素的方式。

透明与保密　创业家族如何管理信息至关重要。一般来说，开放、诚实与信息共享，营造个人可获取相关信息的环境，能促进信任与建立问责制。与之相反，出于保密、安全或战略优势考量，隐瞒信息、限制对某些细节或行动的访问，会造成与权力交织的信息不对称，引发猜测、缺乏承诺与冲突。成功的创业家族通常会确立明确的沟通规范并界定信息访问级别，例如针对下一代成员知晓的必要信息及权限范围：谁来决定？谁需知晓？知晓何事？何时知晓？创业家族依据需求确立适当的信息访问级别，道德实践有助于在保密与透明之间达成健康的平衡。

平等与公平　公平不是给予每个人相同的资源、机会与支持，而不顾及个人差异或需求。公平是确保每个人得到公正对待，考虑个人的差异，解决历史或系统性的劣势，给予最需要的人或应得的人更多资源或支持。在家族企业中，公平并不意味着严格坚持平等分配，而是依据个人技能与兴趣定制传承计划，考量每个家族成员的独特贡献与能力。在工作场所，公平的举措可能聚焦于解决系统性偏见，为代表性不足的群体提供额外的支持或资源。最终，平等与公平之间的平衡取决于家族宗旨、目标与价值观，以及所处的更广泛的社会背景。如今，许多讨论强调超越单纯的平等，转向对公平更细致的理解，促进真正的公平与包容。为了实现这个目的，主力一代和下一代成员进行开放沟通至关重要。在代际过渡过程中，在现任者在世时开启此讨论极为关键，如此可确保双向沟通，并让决策在引发不可调和的家族裂痕前得到解释。

控制与自主　通过设定规则与程序集中权力，可以提供一致性、聚焦性与稳定性，但过度控制会扼杀创造力与主动性，引发家族成员与员工的不满。自主能带来独立性，激发创新精神与个体主动性，促进主人翁意识和应对变化的灵活性，但缺乏有效协调时，也会导致决策的不一致与冲突。成功的创业家族会确立明确角色、清晰信息流与授权机制，以共同原则与共享价值观为指引，营造个人自主发挥才能的文化，同时确保整体的一致性，以及家族价值观与家族目标相符合。这种在控制和自主上的平衡能够带来灵活性、创造力与适应性，有助于营造积极的工作环境，实现可持续的成功。

根基与翅膀　家族成员可能选择留在家族企业，也可能被鼓励离开家族企业发展。根基与翅膀是一个隐喻，根基象征着稳定性、身份与归属感，翅膀则象征着家族成员飞离星系、留下空巢。在家族星系中，根基是促进成长与发展的核心价值观、传统与支持系统，为个人提供稳定基础，并在需要时得到指引。根基强大而翅膀孱弱会导致下一代缺乏自信，使家族成员尤其是下一代受困于现状，与之相反，根基浅薄而翅膀强大则会促使下一代飞离星系，例如下一代成员出国学习，毕业后无意返回家族企业。如果家族成员对亲属关系、地域、社区、行业与遗产方面有情感依恋，可缓解根基与翅膀之间的紧张关系。即便家族成员选择远离星系的不同职业道路，他们仍可通过担任顾问或伙伴等角色为创业家族贡献力量。

承诺与胜任力　承诺是个人对其任务、责任或关系所秉持的奉献、忠诚与毅力，它涉及激情与责任感，需要投入时间与精力以达成目标或维护关系。胜任力指个人在履行角色或完成任务时展现的技能与能力，包括知识和经验，以及有效满足要求或克服挑战的能力。家族成员可能愿意对家族责任给出承诺，但能不能兑现承诺，还取决于他们是否具备必要技能与知识。反之，胜任力强但缺乏对责任的承诺，亦无法确保成功。当个人同时具备对目标的承诺与实现目标所需的胜任力时，团队才能蓬勃发展。在家族企业吸引下一代参与时，承诺和胜任力的矛盾体现为，如果下一代在职业生涯初期就加入家族企业，他们对组织充满情感依恋与承诺，但胜任力不足；但如果下一代选择在家族企业外部获取经验和胜任力，他们可能因对家族组织缺乏承诺，最终选择不同的职业道路。

流动性与增长　在商业语境中，资产的流动性意味着便于转换，对支付费用、应对紧急情况与把握时机很重要。增长则意味着扩大运营、增加市场份额与实现长期繁荣，通常需在基础设施、技术、研发或市场拓展等领域进行战略投资。在流动性与增长间找到恰当平衡极为关键，过度关注流动性可能阻碍发掘增长机会，而激进的增长战略可能引发流动性问题。对于创业家族而言，这种紧张关系在家族出售全部或部分在企业中的股份时可能加剧至极端，此时创业家族需要审视财富管理策略，有时需借助家族办公室。另一个极端的例子是，创业家族如果对家族企业有强烈的情感依恋，就可能为投资增长举措而牺牲流动性，以应对家族和企业生命周期中的紧急情况或其他需求，这种选择可能导致错失外部机会。在流动性与增长间达到平衡，可以确保家族企业保持灵活性，抵御经济波动的影响，并在不断变化的环境中持续繁荣。

家族创造者：推动家族星系的演变

在前几章，我们聚焦讨论了星系特征、星系组织中的动态与互动视角，以及如何平衡众多潜在的紧张关系。为了确保世代繁荣，创业家族必须学会担当家族创造者的角色，通过重组星系中的资产、重新设计与改组现有星系组织，不断创建新组织以适应不断变化的环境，动态改变星系的形态。这些任务最好由家族创造者来做，他不同于家族企业所需的传统管理者，他们不是专注于制定星系中企业战略的董事会成员（第3章），也不是热衷于确定企业发展或重组方向的家族所有者（第4章）。家族创造者无须直接处理投资（第5章）或社会影响（第6章）事务，他们的角色更像建筑师，被要求设计星系演变的愿景，致力于将愿景变为现实。

这一节旨在思考一个问题：创业家族中谁能成为家族创造者？家族创造者是铸就世家并最终确保世代繁荣的唯一途径，这个角色有别于家族管理、家族治理、家族所有权与家族投资者角色。研究与咨询工作表明，家族创造者的角色常被专注于其他角色（如家族管理、治理或所有权）的创业家族所忽视，这是一个严重的疏忽。家族创造者扮演着愿景者角色，确保星系在世代间的演变与外部环境的演变相契合，他们必须能纵观全局并畅想未来。

家族创造者犹如家族星系的建筑师，需考量并设计创业家族星系的五个维度（见图7-8）。

质量	形状	光度	再生率	与中心的距离
创业家族当前及潜在的资源，如何从星系外部获取这些资源，如何增长并保存内部资源，以及如何协调星系各组织间的资源流动	星系中各组织的数量、规模和布局	每个星系组织在金融财富和社会情感财富方面对价值创造的贡献	家族创建新组织、重组旧组织以及培育能激发星系力量的新家族成员的速度	创业家族与每个组织的亲近程度，即家族在各组织中的参与水平与参与性质

图7-8 创业家族星系的维度

质量 星系质量包含恒星、行星、气体云、尘埃云等物质。在我们的比喻中，质量就是创业家族有哪些资源，资源通常涵盖拥有的土地、积累的财富、价值观与社会关系等。组织代表星系中的行星和恒星，而创业家族的无形资产，如文化、历史、价值观和伦理，则代表散布在星系中的气体云、尘埃云。在设计星系时，家族创造者需要了解当前及潜在的资源，如何从星系外部获取资源，如何扩展与保存内部资源，如何协调星系组织间的资源流动。

形状 常见的星系形状包括螺旋形、椭圆形和不规则形。家族创造者在设计创业家族星系的外观形状时，需要了解星系中不同组织间的相互作用与距离。家族创造者需要了解星系中组织的数量、规模和布局，以便响应创业家族的需求与目标。例如，可能存在一些表现不佳的企业，但家族赋予它们极高价值与身份认同意义，以至于不会考虑将其出售并退出市场的选项。创业家族的关键限制因素还包括市场与行业动态、资源可用性以及法律和监管环境。

光度 光度是星系发出的总光量，它与星系中恒星的亮度相关，较亮的恒星对总光度贡献更大，光度就是衡量贡献的因素。在我们的比喻中，光度就是每个星系组织在金融财富和社会情感财富方面贡献的价值。星系组织可以被归类为成本中心或利润中心：利润中心是那些在财务资源方面对星系资源平衡有贡献的组织；成本中心是那些不产生利润，但可让家族维持其身份认同、声誉与团结感的组织（如家族博物馆），从而在社会情感财富方面做出贡献。家族星系的总光度是其组织对价值创造的不同贡献之和。

再生率 再生率衡量的是星系从其气体储备中形成新恒星的速度。在我们的比喻中，再生率就是家族创建新组织、重组旧组织以及培育新家族成员的速度有多快。家族创造者可影响星系的再生率，而家族再生率是家族通过繁衍自我更替的速度。再生率是决策的重要驱动因素。在资源、机会和复杂性方面对星系维度进行持续调整时，每一代家族成员的数量也需要做相应调整。

与中心的距离 创业家族是星系的中心，每个组织与中心都有一定距离。在我们的比喻中，与中心的距离就是创业家族与每个组织的亲近程度，或者说家族在每个组织中的参与水平与参与性质。一个星系组织离家族越近，家族在其中的利害关系越大，参与越积极。这个距离会随时间而增减，比如当一个家族决定从家族企业的管理角色中退出时，该家族仅扮演所有者角色，就会与该组织拉开一定距离，并为另一个星系组织（如家族基金会或家族办公室）创造了空间。总体而言，与中心的距离有助于揭示不同组织相对于创业家族的分布情况。

行动框7B：设计你的创业家族星系——家族创造者黑客马拉松

目标

本活动旨在助力创业家族成员识别家族创造者，并共同设计创业家族星系。参与者将融合独特视角、技能与专业知识，构思、设计并评估项目。

参与者

高参与度的家族成员（可能是全体家族成员）以及部分组织战略家。

主持人

建议邀请非家族成员（如顾问）担任。

时长

三天。建议在安静、有启发性且相对隔离的空间开展活动，以便家族成员周末齐聚并专注任务。

所需材料

为家族成员准备用于复制图 7-9 的大张纸、彩色马克笔、便利贴、小笔记本或单页纸、活动挂图。

质量	形状	光度	再生率	与中心的距离

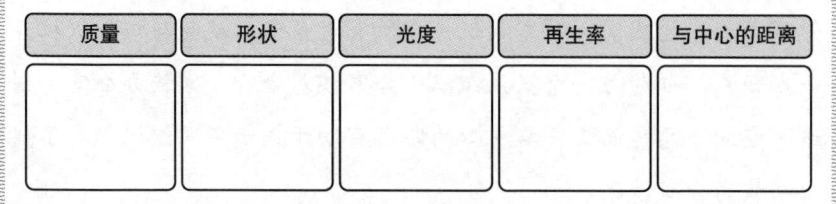

图 7-9　创业家族星系维度的反思框架

流程

第一天——现状与构思

上午：介绍创业家族星系当前状况并明确关键维度。

下午：依据此前制定的家族与企业战略，探究新兴家族需求与当前商业趋势。

第二天——原型制作与迭代

上午：开展破冰活动，根据参与者背景、年龄与兴趣组建团队。各团队展开头脑风暴，确定设计目标与概念。

下午：团队运用如图 7-9 所示的框架完善设计概念并制订详细计划，以图 1-1 为灵感构建星系呈现形式。

第三天——展示与评估

上午：团队展示原型，凸显设计流程、关键特征与提案潜在影响。

> 下午：开展头脑风暴活动，对比不同方案并确定未来创业家族星系的共同设计。
>
> 💡 **其他建议**
> - 下一代成员务必参与，因为家族现今设计的星系将是他们的生活环境。
> - 黑客马拉松需每三至五年举办一次，以便了解现状优劣，为未来需求与机遇设计新方案。

家族创造者在思索创业家族星系维度（见行动框 7B）时，可从其他家族获取灵感，在家族成员、顾问及其他专家协助下展开头脑风暴与构思，但必须考虑到家族的独特性。家族创造者需协调星系的复杂性与创业家族的复杂性。比如说，中小型企业的家族创造者可能设计较简单、规模小的星系，而跨国大家族由于成员分布于不同国家且有国际业务，需要构建更复杂的星系。家族创造者在设计星系时，需要兼顾可行性与效率，平衡普遍和特定的家族问题，同时展望并推动星系发展，以契合家族未来走向。家族创造者在制作星系及其演变原型时，可以借助外部的法律、税务、商业与家族顾问的力量，在设立新组织或重组现有组织前预判问题，明确改进之处。

伴随创业家族的发展，家族企业、家族资产、星系组织与家族自身可能扩张或衰退。家族创造者必须理解并预测这种演变，设计契合家族需求的星系，确保星系与家族的复杂性适配。家族创造者需着眼全局，基于对星系整体未来的愿景，推进后续设计与实施流程，让家族参与其中并强化自身职责。为了达成这个目的，家族创造者要与家族成员及家族领导初步协商，定期与星系组织的管理机构会晤并更新信息，展示星系设计与概念的前景，管理家族期望，阐释变化并反复调整，从而获得最终批准。

在图 7-10 中，我们罗列了家族创造者可采取的促进家族参与家族星系发展的可行举措。

家族探索之旅	家族叙事	家族象征化	家族意义构建	家族聚集	家族激励
组织会议与参观，以便更好地了解构成星系的各组织及其家族成员与非家族成员。思考星系的未来，考量其演变与重组情况	在家族内部与外部传播家族传承的历史与故事，比如撰写回忆录或书籍，制作纪念祖先的视频片段	在家族及组织所在地展示具有象征意义的文物，创建并维护家族（企业）博物馆，管理家族房屋、工业建筑、艺术收藏等	组织能激发家族对星系产生情感依恋的活动，例如在家族扎根的社区或地点开展活动，组织自我与关系发展活动	设立委员会保障家族遗产代代相传，组织家族成员可共同娱乐并增进联系的活动，为整个家族举办黑客马拉松活动，共同构想与设计未来家族星系	推广国内与国际经验以启发家族成员职业道路，邀请知名演讲者分享对当前与未来趋势的见解，支持家族成员参加会议或展览

图 7-10　家族创造者促进家族参与家族星系发展的行动

本章要点

1. 代际过渡时，创业家族可能面临"克隆欲望综合征""放手综合征""创始人阴影"和"家族企业牢笼"等问题。
2. 传承是创业家族的主要挑战之一，也是家族得以发展延续成为世家的过程。

3. 传承的主要挑战包括处理与利益相关者的关系及沟通问题、高层与组织的情感疏离、现任者与继任者的文化及动机差异、放弃权力和控制决策的不可逆性。
4. 传承管理有多个关键领域的最佳实践：传承规划、潜在继任者的培训与发展、继任者的选拔、传承过程的结束、家族内部关系管理以及与非家族成员关系的管理。
5. 为确保平稳过渡，早期吸引下一代成员参与极为关键。举措涵盖倾听和理解、教育、指导、支持创业举措、内部和外部网络建设与激励。
6. 创业家族需缓解10种紧张关系以实现代际繁荣，包括能力与意愿、家族与企业、团结与个性、传统与创新、透明与保密、平等与公平、控制与自主、根基与翅膀、承诺与胜任力、流动性与增长。
7. 家族创造者角色有别于家族管理者、所有者、董事、投资者等。
8. 家族创造者如同设计与发展创业家族星系的建筑师，对家族利用遗产释放潜力并成为可持续世家至关重要。
9. 创业家族常忽视家族创造者角色，而此角色关乎家族未来。
10. 家族创造者设计星系时需关注质量、形状、光度、再生率、与中心的距离这五个关键维度。

值得反思的关键问题

1. 代际过渡对创业家族上一代有何影响？可采取哪些策略保障未来传承更顺利？
2. 不同世代的价值观与态度差异怎样引发星系组织代际过渡挑战？如何有效管理这些差异？
3. 你的家族存在哪些主要挑战（如"克隆欲望综合征""放手综合征""创始人阴影""家族企业牢笼"）？
4. 你目前实施了哪些吸引家族下一代成员的行动？这些行动还可做哪些改进？
5. 为实现代际繁荣需要缓解的10种关键紧张关系中，你的家族有哪些较为突出的矛盾？当下如何缓解？可采取哪些改进措施更有效管理它们？
6. 家族创造者在平衡商业目标与家族动态时面临哪些独特挑战？哪些最佳实践有助于缓和冲突并促进家族和谐？
7. 家族创造者怎样确保创业家族及其组织与星系进化项目协同？

延伸阅读

Brinkerink, J., Rondi, E., Benedetti, C. and Arzubiaga, U. (2020) Family business or business family? Organizational identity elasticity and strategic responses to disruptive innovation. *Journal of Family Business Strategy*, *11*(4), 100360.

Capolupo, P., Ardito, L., Messeni Petruzzelli, A. and De Massis, A. (2023) Opening up the black box of family entrepreneurship across generations: a systematic literature review. *International Small Business Journal*, *41*(7), 734–73.

De Massis, A., Chua, J.H. and Chrisman, J.J. (2008) Factors preventing intra-family succession. *Family Business Review*, *21*(2), 183–99.

De Massis, A., Sieger, P., Chua, J.H. and Vismara, S. (2016) Incumbents' attitude toward intrafamily succession: An investigation of its antecedents. *Family Business Review*, *29*(3), 278–300.

De Massis, A., Kotlar, J. and Manelli, L. (2021) Family firms, family boundary organizations, and the family-related organizational ecosystem. *Family Business Review*, *34*(4), 350–64.

Fang, H., Kotlar, J., Memili, E., Chrisman, J.J. and De Massis, A. (2018) The pursuit of international opportunities in family firms: Generational differences and the role of knowledge-based resources. *Global Strategy Journal*, *8*(1), 136–57.

Garcia, P.R.J.M., Sharma, P., De Massis, A., Wright, M. and Scholes, L. (2019) Perceived parental behaviors and next-generation engagement in family firms: A social cognitive perspective. *Entrepreneurship Theory and Practice*, *43*(2), 224–43.

Jaskiewicz, P., De Massis, A. and Dieleman, M. (2021) The future of the family business: 4 strategies for a successful transition.

Kastanakis, M.N., Kampouri, K., Linder, C., Christofi, M. and De Massis, A. (2024) Linking biases and paradoxes in the family entrepreneurship context: An integrative framework for future research. *Small Business Economics*, in press.

Magrelli, V., Rondi, E., De Massis, A. and Kotlar, J. (2022) Generational brokerage: An intersubjective perspective on managing temporal orientations in family firm succession. *Strategic Organization*, *20*(1), 164–99.

Magrelli, V., Rovelli, P., Benedetti, C., Uberbacher, R. and De Massis, A. (2022) Generations in family business: A multifield review and future research agenda. *Family Business Review*, *35*(1), 15–44.

Marler, L.E., Botero, I.C. and De Massis, A. (2017) Succession-related role transitions in family firms: The impact of proactive personality. *Journal of Managerial Issues*, 57–81.

Mismetti, M., Rondi, E. and Bettinelli, C. (2023) Family business system dynamics in the aftermath of in-law entry: A reflection on emotions and strategic change. *Long Range Planning*, *56*(5), 102250.

Rondi, E., Magrelli, V., Debellis, F. and De Massis, A. (2024) The evolution of craft work in the strategic development of an entrepreneurial family firm. *Strategic Entrepreneurship Journal*, in press.

Sasaki, I., Kotosaka, M. and De Massis, A. (2024) When top managers' temporal orientations collide: Middle managers and the strategic use of the past. *Organization Studies*, *45*(6), 825–853.

注 释

1. De Massis, A., Chua, J.H. and Chrisman, J.J. (2008) Factors preventing intra-family succession. *Family Business Review*, *21*(2), 183-99.
2. 我们的咨询工作经验表明，教练、指导和咨询经常被混淆。见"让下一代参与"一节了解差异。
3. De Massis, A., Chua, J.H. and Chrisman, J.J. (2008) Factors preventing intra-family succession. *Family Business Review*, *21*(2), 183-99.
4. "长期危机"（Permacrisis）是一个术语，用于表示由一系列前所未有的灾难性事件导致的长期困难时期。
5. Magrelli, V., Rondi, E., De Massis, A. and Kotlar, J. (2022)

Generational brokerage: An intersubjective perspective on managing temporal orientations in family firm succession. *Strategic Organization*, *20*(1), 164-99.

6. Kotlar, J. and De Massis, A. (2013) Goal setting in family firms: Goal diversity, social interactions, and collective commitment to family-centered goals. *Entrepreneurship Theory & Practice*, 37(6), 1263-88.

7. Sasaki, I., Kotosaka, M. and De Massis, A. (2024) When top managers' temporal orientations collide: Middle managers and the strategic use of the past. *Organization Studies*, in press. DOI: 10.1177/01708406241236604.

8. Ge B., De Massis A. and Kotlar J. (2022) Mining the past: History scripting strategies and competitive advantage in a family business. *Entrepreneurship Theory & Practice,* 46(1), 223-51.

9. De Massis, A., Kotlar, J., Mazzola, P., Minola, T. and Sciascia, S. (2018) Conflicting selves: Family owners' multiple goals and self-control agency problems in private firms. *Entrepreneurship Theory & Practice*, *42*(4), 362-89.

结论
整合助力世代繁荣

实现世代繁荣的关键在于，创业家族需制定一份全面的路线图。这份路线图既要自上而下审视，也要自下而上考量，注重战略的整体性，如此方能构建起一个持久的世家。

在本书中，我们提出了一种全新且整合性的视角，以创业家族星系为核心展开探讨。详细阐述了下面这些议题：①创业家族如何在培育家族的同时开创新家族；②怎样创建并管理家族企业；③如何成为并发展负责任的所有者；④怎样管理家族财富并运营家族办公室；⑤如何参与慈善及社会影响力活动；⑥怎样让下一代积极参与并妥善管理传承事宜；⑦担当家族创造者的角色，设计家族星系并使其适应不断变化的环境。总之，我们深入剖析了创业家族在星系旅程中的诸多微妙之处与复杂情况，为其提供了实现子孙后代繁荣所需的工具与见解，明确了关键问题与困境，助力读者获取切实可行的思路，并给出了解决这些问题的实用方案。

这是一段充满挑战且复杂的旅程。创业家族需要妥善管理金融财富与社会情感财富的复杂性，其范畴往往超越企业本身，通常涵盖家族办公室、家族基金会、家族控股公司、家族学院、家族博物馆、家族房地产公司、家族孵化器、家族信托公司等多种组织形式。在此过程中，创业家族需化解矛盾、缓解紧张关系并处理冲突，方法体系架构必须完整、连贯，而且契合家族的愿景与目标。

书中各章节内容都很重要，各有侧重，创业家族还要重视各部分之间的关联，接纳星系视角，从整体层面思考家族成员作为所有者、管理者、董事、投资者、社会影响力倡导者以及创造者的多元参与方式。唯有如此，整个旅程所取得的成果才会远超各部分简单相加的总和。

我们创作本书的终极目标是提供一份路线图。凭借我们的研究成果、教育经验以及咨询实践，引导创业家族及其顾问、专业人士制定战略，助力家族实现世代繁荣，为其提供工具与方法，共同深入反思关键挑战，并切实采取行动实施战略。

现在，轮到你去探索如何设计这样的战略，成为所在星系的家族创造者了，希望你能运用我们提供的见解，借助本书所披露的实用工具、工作表、反思问题及其他建议来行事。

致谢

这本书融合了我们20多年研究积累的知识、专业见解与证据，以及我们长期作为创业家族导师、顾问和领先家族企业大学研究中心主任的经验。这本书的内容基于我们多年的研究、实践，以及围绕相关主题的演讲、项目与学术讨论，众多专家、教授、研究者、学生、专业人士、高管和创业家族成员的思想与经验都为我们的成果贡献了力量。由于要感谢的人实在太多了，我们很难逐一列举并感谢所有对本书创作产生影响的人，我们由衷感激他们在创作旅程中给予的关怀、知识、奉献与灵感。

我们还要诚挚感谢培生集团《金融时报》的 Eloise Cook 在出版全程给予的极具建设性的指导。同时，感谢一些在众多创业家族项目中与我们并肩的同事和朋友，他们为塑造我们的知识资本与实践智慧发挥了巨大作用，比如 James Chrisman、蔡济铭、Josip Kotlar 等。此外，我们有幸参与并做出贡献的家族企业社区，包括国际家族企业协会及其地方分部、家族企业研究会议、家族企业研究所、家族办公室交易所（FOX）、家族企业网站、国际家族企业学会、STEP 项目全球联盟，都值得我们深深感恩。

本书的第一作者阿尔弗雷多·德马西斯衷心感谢第二作者埃马努埃拉·龙迪。她曾是他的硕士生、博士生和研究员，在他的国际职业生涯中始终相伴,他要感谢她在本书创作过程中非凡的奉献精神,以及无数次的讨论、修改与共同撰写。埃马努埃拉·龙迪想要向她的导师阿尔弗雷多·德马西斯表达诚挚谢意,感谢他引领自己踏入创业家族研究领域,并以其指导和对该主题的热忱激励自己的工作。他的见解与智慧塑造了埃马努埃拉的学术之旅,促使她在自身领域不断追求新高度。与阿尔弗雷多合作撰写此书虽充满挑战,但始终让她感受到有力的支持。

我们还要感谢瑞士洛桑国际管理发展学院。这所独特的机构处于严谨学术与现实关联的交汇点,助力我们践行"参与式学者"的身份,使我们能够持续将研究的严谨性与实际影响力相结合。我们特别感谢家族企业威尔德集团的主席以及全球家族企业中心给予的支持,这对本书的问世意义重大。

最后,我们感恩家人和朋友的支持与鼓励,感谢他们给予我们自由去从事热爱的工作——与创业家族携手合作,助力其实现世代繁荣。

最新版
"日本经营之圣"稻盛和夫经营学系列
任正非、张瑞敏、孙正义、俞敏洪、陈春花、杨国安 联袂推荐

序号	书号	书名	作者
1	978-7-111-63557-4	干法	[日]稻盛和夫
2	978-7-111-59009-5	干法（口袋版）	[日]稻盛和夫
3	978-7-111-59953-1	干法（图解版）	[日]稻盛和夫
4	978-7-111-49824-7	干法（精装）	[日]稻盛和夫
5	978-7-111-47025-0	领导者的资质	[日]稻盛和夫
6	978-7-111-63438-6	领导者的资质（口袋版）	[日]稻盛和夫
7	978-7-111-50219-7	阿米巴经营（实战篇）	[日]森田直行
8	978-7-111-48914-6	调动员工积极性的七个关键	[日]稻盛和夫
9	978-7-111-54638-2	敬天爱人：从零开始的挑战	[日]稻盛和夫
10	978-7-111-54296-4	匠人匠心：愚直的坚持	[日]稻盛和夫 山中伸弥
11	978-7-111-57212-1	稻盛和夫谈经营：创造高收益与商业拓展	[日]稻盛和夫
12	978-7-111-57213-8	稻盛和夫谈经营：人才培养与企业传承	[日]稻盛和夫
13	978-7-111-59093-4	稻盛和夫经营学	[日]稻盛和夫
14	978-7-111-63157-6	稻盛和夫经营学（口袋版）	[日]稻盛和夫
15	978-7-111-59636-3	稻盛和夫哲学精要	[日]稻盛和夫
16	978-7-111-59303-4	稻盛哲学为什么激励人：擅用脑科学，带出好团队	[日]岩崎一郎
17	978-7-111-51021-5	拯救人类的哲学	[日]稻盛和夫 梅原猛
18	978-7-111-64261-9	六项精进实践	[日]村田忠嗣
19	978-7-111-61685-6	经营十二条实践	[日]村田忠嗣
20	978-7-111-67962-2	会计七原则实践	[日]村田忠嗣
21	978-7-111-66654-7	信任员工：用爱经营，构筑信赖的伙伴关系	[日]宫田博文
22	978-7-111-63999-2	与万物共生：低碳社会的发展观	[日]稻盛和夫
23	978-7-111-66076-7	与自然和谐：低碳社会的环境观	[日]稻盛和夫
24	978-7-111-70571-0	稻盛和夫如是说	[日]稻盛和夫
25	978-7-111-71820-8	哲学之刀：稻盛和夫笔下的"新日本 新经营"	[日]稻盛和夫

推荐阅读

读懂未来前沿趋势

一本书读懂碳中和
安永碳中和课题组 著
ISBN：978-7-111-68834-1

双重冲击：大国博弈的未来与未来的世界经济
李晓 著
ISBN：978-7-111-70154-5

一本书读懂 ESG
安永 ESG 课题组 著
ISBN：978-7-111-75390-2

数字化转型路线图：智能商业实操手册
[美] 托尼·萨尔德哈（Tony Saldanha）
ISBN：978-7-111-67907-3

杰弗里·摩尔管理系列

畅销30年，全球销量超100万册

ISBN	书名	作者
978-7-111-71084-4	跨越鸿沟：颠覆性产品营销指南（原书第3版）	杰弗里·摩尔 著
978-7-111-68589-0	龙卷风暴	杰弗里·摩尔 著
978-7-111-69518-9	猩猩游戏：高科技潜力股投资指南	杰弗里·摩尔 保罗·约翰逊 汤姆·基波拉 著
978-7-111-65849-8	断层地带：如何打造业务护城河	杰弗里·摩尔 著
978-7-111-46706-9	公司进化论：伟大的企业如何持续创新（珍藏版）	杰弗里·摩尔 著
978-7-111-72546-6	换轨策略：持续增长的新五力分析	杰弗里·摩尔 著
978-7-111-65084-3	梯次增长：颠覆性创新时代的商业作战手册	杰弗里·摩尔 著